JN334698

監修者——五味文彦／佐藤信／高埜利彦／宮地正人／吉田伸之

［カバー表写真］
長篠合戦（『長篠合戦図屏風』部分）

［カバー裏写真］
安土城（内藤昌氏復元）

［扉写真］
井伊直政像（左，彦根市）と伊達政宗像（仙台市）

日本史リブレット83

日本史のなかの戦国時代

Yamada Kuniaki
山田邦明

目次

▼大河ドラマの「戦国もの」一覧
（番組名と主人公）

太閤記（豊臣秀吉）／天と地と（上杉謙信）／春の坂道（柳生宗矩《やぎゅうむねのり》）／国盗り物語（斎藤道三・織田信長）／黄金の日日（呂宋助左衛門《るそんすけざえもん》）／おんな太閤記（ねね）／徳川家康（同上）／独眼竜政宗（伊達政宗）／武田信玄（同上）／春日局（同上）／信長（織田信長）／花の乱（日野富子《ひのとみこ》）／秀吉（豊臣秀吉）／毛利元就（同上）／葵　徳川三代（徳川家康・秀《ひで》忠《ただ》・家光《いえみつ》）／利家とまつ（前田利家・まつ）／武蔵《むさし》（宮本武蔵）／功名が辻（山内一豊《やまうちかつとよ》・千代《ちよ》）／風林火山（山本勘助《やまもとかんすけ》）／天地人（直江兼続《なおえかねつぐ》）／江《ごう》〜姫たちの戦国〜（江）

戦国時代の位置づけ

太古から現代まで、日本列島とそこに生きた人びとの歴史は長く、さまざまな時代があったが、そのなかでも戦国時代は特別で、現代の人たちからも親しまれ、戦国武将のことなどは日常の話題にのぼることも多い。まず思いつくのがテレビドラマでの起用の多さである。たとえばNHKの大河ドラマをみてみると、「花の生涯」から「八重《やえ》の桜」までの五二作のうち、まさに戦国時代を扱ったものが一七作ある（「太閤記《たいこうき》」「天と地と」「独眼竜政宗《まさむね》」「武田信玄《たけだしんげん》」「信長《のぶなが》」「利家《としいえ》とまつ」など）。さらに「春日局《かすがのつぼね》」など江戸《えど》時代初期を扱ったもの（三作）や、戦国の出発点ともいえる応仁の乱を描いた「花の乱」なども含めると二一作になる。五二作のうち二一作だから、ちょうど四割くらいが「戦国もの」▲ということになるのである。

戦国武将の銅像も多くのところで目にする。甲府《こうふ》駅前の武田信玄像、仙台青《せんだいあお》葉山《ばやま》公園の伊達《だて》政宗像などが有名だが、長宗我部元親《ちょうそかべもとちか》・大友宗麟《おおともそうりん》・藤堂高虎《とうどうたかとら》・最上義光《もがみよしあき》・井伊直政《いいなおまさ》といった多くの武将の銅像が、関わりの深い場所に建てられている。織田《おだ》信長や徳川家康《とくがわいえやす》のように、拠点を何度も変えた武将の場合は、いろいろのところでその銅像に出会う。

戦国時代はなぜ人気があるのか。さまざまな理由があるだろうが、やはり激動の時代なので、登場人物がいきいきしていて、みていて元気になる、ということがあるだろう。戦いが続いた悲惨な時代というイメージもあるが、一方で人びとが夢をもってさまざまなことに挑戦していた、少しうらやましい時代だと考える人も多いのではないかと思う。

今から五〇〇年も昔のことなので、現代とは違った面白さがあるということなのかもしれないが、一方で戦国時代は現代につながるものがあり、「戦国もの」はみていてなぜか安心できる、という面もあるようである。戦国武将は地域社会のヒーローで、彼らの記憶は数百年をへて現代に受け継がれている。武田信玄や長宗我部元親といった戦国大名は、地域の英雄として崇められている し、伊達政宗・前田《まえだ》利家・藤堂高虎・井伊直政といった面々は、まさしく江戸時代の大名《だいみょう》家の始祖にあたる。こうした人たちは地域社会の自立を象徴する存在として尊崇の対象となり、現在でも人びとに親しまれている。そういうことなので、五〇〇年も前のことであるにもかかわらず、なんとなく現代につながっているような安心感があるのだろう。

このように戦国時代は人気があり、武将などにかかわる著作も多く、さまざまな事実や逸話が一般常識として広まっているが、この時代の位置づけについて議論がつくされているわけではない。戦国時代のことは広く知られているといっても、ドラマなどでよく目にする信玄・謙信《けんしん》・信長・秀吉《ひでよし》などの時代は、十六世紀の後半の五〇年ほどのことにすぎない。この時期は戦国の後半にあたるが、それ以前の戦国の前半、あるいはもっと前の室町《むろまち》時代のことについては一般にはあまり知られていない。戦国の後半だけに限定せずに、もう少し広い視野で歴史の動きをとらえ、戦国時代の位置を考えてみる必要があるように思えるのである。

そもそも「戦国時代」とはいつのことなのか。これもなかなかむずかしい設問である。平安《へいあん》時代・鎌倉《かまくら》時代・室町時代・江戸時代といった時代の名称は、そのときの政治拠点の場所の名前をもとにしているが、「戦国時代」というのはこれとは違って、社会状況による呼び名である。「戦国時代」という言い方も昔からあったわけではなく、今から一〇〇年あまり前、明治の末期のころに一般化したもののようである（それ以前は「足利《あしかが》時代の季世《きせい》」などと呼ばれていた）。そして「戦国時代」の時代的範囲についてもいろいろの考え方がありうる。

戦国時代の始まりについては、応仁《おうにん》の乱（一四六七年）からという見方があったが、関東ではそれ以前から内乱状況にあるので、戦いの起きた一四五五（康《こう》正《しょう》元）年から戦国時代だという見解もある。戦国時代の終わりについてもさまざまのことが考えられ、秀吉による天下《てんか》統一《とういつ》（一五九〇年）ともいえるし、最後の戦いとなった大坂夏《おおさかなつ》の陣《じん》（一六一五年）までは「戦国」だという考えもありうる。狭い意味での戦国時代は、細川政元《ほそかわまさもと》のクーデター（一四九三年）あたりから始まる一〇〇年ほどとみるのが一般的のようだが、十五世紀後半から十七世紀にいたる長い時代を含めて「戦国」ととらえることも可能なのである。

戦国時代は一般に親しまれているが、この時代が日本史の長い歴史過程のなかでどのように位置づけられるのか。いいかえれば、戦国時代を経過するなかで、人間や社会はどのように変わったのかということを少し考えてみたいというのが本書の課題である。さまざまな問題視角がありうるが、ここでは「人びとの考え方や行動のあり方がどう変わったか」、「社会の仕組みはどのように変化したか」という二つの事柄に焦点をしぼってみていきたい（①章・②章で前者、③章で後者にふれる）。人間にしても社会にしても、その変化を考える場合には、できるだけ長いスパンでとらえることが必要だろうから、十五世紀の半ばくらいから、十七世紀にはいるまで、二〇〇年におよぶ長い時代を対象とすることにしたい。

▼**明智光秀**　?〜一五八二年。足利義昭に仕え、のち織田信長の重臣として活躍して、丹波経略などに尽力。本能寺で信長を滅ぼしたのち、羽柴秀吉と戦い敗死した。

①—下剋上の時代

光秀の謀叛をどうみるか

一五八二(天正《てんしょう》十)年六月二日の早朝、明智光秀《あけちみつひで》▲の率いる軍勢が京都の本能寺《ほんのうじ》を襲い、光秀の主君《しゅくん》にあたる織田信長《おだのぶなが》は討死する。「本能寺の変《へん》」と呼ばれるこの事件は、戦国時代の出来事のなかでもとりわけ有名で、なぜ光秀がこんな行動を起こしたのかということについては、さまざまな説が提示されている。信長がわずかの従者《じゅうしゃ》をつれて京都にやって来た、柴田勝家《しばたかついえ》や羽柴秀吉《はしばひでよし》といった武将たちがみな遠方にいた、というような条件が重なって、光秀も決断した、といったところかもしれないが、それにしても主君とあおいだ人を抹殺しようと決起するというのはただごとではない。

ただ、こうした「主殺《しゅうごろ》し」ともいえる行為を、なにか特別のことのように考えるのは、現代人の一つの傾向にすぎず、当時の人びとの眼からみれば、光秀の行動は取り立てて不思議なことでも、非難すべきことでもなかったと考えることも可能であろう。実際京都にいた公家《くげ》たちは、事件のすぐあとに光秀と面会

●――明智光秀

●――織田信長

してお祝いを述べているし、周囲の人たちも光秀の所行を声を揃えて批判したりしてはいない。主人を抹殺してこれを乗り越えることが、倫理的にきわめて悪いことだというような認識を、当時の人びとは一般的にもちあわせていなかったのではないか。そして、こうした社会の風潮があったからこそ、光秀は「主殺し」を決断したのではないか。そんなふうに思えるのである。

　考えてみれば、光秀に討たれた主君の織田信長も、主君筋の人びとを滅ぼしたり追放したりしながらみずからの地位を確立していった人物だった。そもそも信長の家は尾張守護代《おわりしゅごだい》▲をつとめた織田氏の一門の一つにすぎない。本家《ほんけ》にあたる岩倉《いわくら》の織田氏と、分家《ぶんけ》の清洲《きよす》織田氏がいて、この清洲織田氏に仕えた一流（勝幡《しょばた》の織田氏）から信長がでてきたのである。そして彼はまず清洲の織田氏、ついで岩倉の織田氏を滅ぼし、織田の主家にあたる斯波義銀《しばよしかね》▲も追放している。さらにその後みずから擁立した将軍足利義昭《あしかがよしあき》と対立し、これを京都から追い出した。形式的には自分より上位にいる人びとをつぎつぎに抹殺しながらその歩みを進めていったわけだが、この信長も結局は下位にいる重臣によって討たれることになったわけで、考えてみれば同じことが繰り返されたにすぎないとも

▼**守護代**　室町時代に国を統括した守護の代官《だいかん》で、守護（大名）の重臣が任命された。尾張の場合、守護は斯波氏で守護代は織田氏。

▼**斯波義銀**　?～一六〇〇年。尾張守護をつとめた斯波家の当主。織田信長に追放されたが、のち津《つ》川義近《がわよしちか》と改名して信長や羽柴秀吉に仕える。

いえる。

身分的に下位の者が上位の者を滅ぼしたり失脚させたりする現象は、「下剋《げこく》上《じょう》」という言葉で表現される。信長や光秀の行動も「下剋上」といえるだろうが、こうしたことはいつから始まり、どのようにして一般化していったのか、時代を少しさかのぼって具体的に考えていくことにしたい。

下剋上の萌芽

江戸《えど》時代は身分制の時代だったとよくいわれるが、これに先立つ中世においても、人びとは厳しい身分制のなかで生きていた。鎌倉幕府《かまくらばくふ》の時代、将軍と直接主従関係をもつ武士たちは「御家人《ごけにん》」と呼ばれて一定の身分を保障され、荘《しょう》園《えん》▲や郷村の地頭職《じとうしき》▲などの権益ももっていたが、こうした「御家人」になれない武士もいたし、「御家人」の下にはこれに仕える多くの家臣《かしん》たちがいた。そして続く室町《むろまち》幕府の時代にも、武士たちのあらたな身分秩序がつくりあげられた。京都にいる将軍のもとに、斯波・細川《ほそかわ》・畠山《はたけやま》・山名《やまな》といった大名《だいみょう》たちがいて政治に関与していたが、彼らが身分制の上位にあって、地方の国々の守護職《しゅごしき》▲も所持

▼**荘園**　平安《へいあん》時代後期のころに列島各地に生まれた支配の単位。京都の貴族《きぞく》などが荘園領主となって年貢《ねんぐ》や公事《くじ》を百姓《ひゃくしょう》たちに賦課した。

▼**地頭職**　荘園や郷村にかかわる権益の一つ。百姓から年貢などを徴収し、その一定部分を荘園領主に上納した。

▼**守護職**　室町幕府の地方支配のための職制の一つ。国ごとにおかれ、諸役の徴収や国内の紛争解決などを担った。

●足利義教

●満済

▼足利義教　一三九四〜一四四一年。兄義持《よしもち》の死後、くじびきによって将軍となる。将軍就任当初は大名たちと協力して政治を進めたが、のちには専制化を強め、赤松満祐《みつすけ》によって暗殺された。

していた。そしてこうした大名の下に多くの家臣たちがいたのである。

　幕府政治を担っていたのは将軍と大名たちだと一般的にいわれているが、内実を詳しくみていくと、いちばん動きまわっていたのは大名の家臣たち（とくに重臣）だったことがわかる。六代将軍足利義教《よしのり》▲の時代、将軍のもとで活躍した満済《まんさい》▲は、政務にかかわる詳細な日記を残しているが、なにか問題が起きたときに、大名の重臣たちが奔走しているようすが、この日記には記されている。たとえば一四三一（永享《えいきょう》三）年、九州で大内盛見《おおうちもりみ》▲が敗死する事件が起き、将軍義教はどう対処したらいいか大名たちの意見を徴することになるが、このとき義教の命令は直接大名に伝えられたわけではなかった。将軍から満済に大名の意見を徴するようにと命令がなされ、満済が大名の重臣たちを呼んで将軍のおおせを伝える。そして重臣たちがそれぞれの主人（大名）のところにいって将軍の命令を伝え、主人の意思を受け取って、また満済のもとに赴いて主人の意向を伝えた。そして大名たちの意見をまとめたあと、満済は結果を将軍に上申する。このような形で大名の意見聴取はなされたわけで、大名は自宅から動かず、その重臣が使者として動きまわっていたのである。ちなみにこのとき使者をつとめたのは、斯波の家臣の甲斐《かい》美濃守《みののかみ》（将久《ゆきひさ》）と飯尾《いいお》美作守《みまさかのかみ》、細川の家臣の横越《よこごし》と安富《やすとみ》、畠山の家臣の遊佐《ゆさ》河内守《かわちのかみ》と斎藤因幡守《さいとういなばのかみ》、山名の家臣の垣屋《かきや》と太田垣《おおたがき》、赤松《あかまつ》の家臣の上原入道《うえはらにゅうどう》・浦上掃部《うらがみかもん》といった面々だった。

こうした大名の重臣たちは、幕府政治に密接にかかわり、大名本人よりも事情に通じていた場合も多かったと思われる。そして彼らのなかから、主君にあたる大名とトラブルを起こし、事情によっては主人を失脚させようと画策するような人物があらわれてくることになる。

まず一四四一（嘉吉《かきつ》元）年、畠山家で事件が起きた。重臣の遊佐勘解由左衛門尉《かげゆさえもんのじょう》と斎藤因幡入道が画策して、当主の持国《もちくに》▲とその弟の持永《もちなが》を仲違いさせ、結果的に持国が失脚して持永が当主になったのである。重臣たちが主人の首をすげかえたわけだが、これには将軍の義教も一枚かんでいた。どうも遊佐と斎藤は将軍とつながりをもっていて、将軍に畠山家の内状を訴え、これを受け取る形で将軍が家督《かとく》の交代を命じたということらしい。将軍と陪臣《ばいしん》がつながって大名家の家督問題に介入するという構造が生まれていたのである。

将軍の後押しがあったとはいえ、重臣たちの意向で大名の家督交代がなされ

▼**満済**　一三七八〜一四三五年。京都南郊の醍醐寺三宝院《だいごじさんぼういん》の門主《もんしゅ》で、醍醐寺座主《ざす》もつとめる。将軍足利義持・義教の信頼をえて、幕府政治に参画した。

▼**大内盛見**　一三七七〜一四三一年。周防山口を拠点とした大名で、周防・長門《ながと》・筑前《ちくぜん》・豊前《ぶぜん》の守護をつとめる。筑前の深江《ふかえ》で少弐《しょうに》氏と戦い敗死した。

▼**畠山持国**　一三九八〜一四五五年。室町幕府の管領もつとめた大名。河内・紀伊《きい》・越中などの守護。弟の持永を滅ぼして幕府に復帰し、細川勝元とならんで政治を担った。

るという未曾有の事件だったといえる。もっともそのすぐあとに将軍義教が暗殺されると事態は一転、畠山持国は復権を果たし、遊佐と斎藤は逃亡してしまう。将軍の威を借りた「下剋上」は失敗に終るが、こうした事件が跡をたったわけではなかった。一四四四(文安元《ぶんあん》)年には近江《おうみ》の六角《ろっかく》氏の家臣たちが団結して主君の無軌道ぶりを訴え、六角持綱《もちつな》が逃げだすという事件が起きる。これは主君のほうに問題があったのかもしれないが、家臣たちが我慢せずに事におよんだという意味で画期的な事件だった。また同じ年には美濃の土岐《とき》氏でも内紛が起き、大名(守護)の土岐持益《もちます》が重臣で守護代の戸嶋《としま》を京都の屋形《やかた》で誅殺している。これは主君(大名)のほうが家臣を討ちとったというもので、「下剋上」とは逆の出来事といえるが、大名と重臣とのあいだに重大な溝が生まれ、どちらかが他者を抹殺しなければ問題が解決されないような社会状況になっていったことが窺い知れるのである。

甲斐常治と朝倉孝景

そしてやがて大名の筆頭格ともいえる斯波氏の内部で深刻な内紛が起きるこ

とになる。斯波氏の家臣たちのなかでもっとも有力だったのは甲斐で、朝倉《あさくら》と織田がこれに次ぐ地位にいた。甲斐氏は将軍からみれば陪臣にあたるが、四代将軍義持《よしもち》を自邸に招くなど、早くから将軍とのつながりをもち、甲斐美濃守将久(のち美濃入道常治《じょうち》)は将軍義教の御前《ごぜん》に召され、御剣と御刀を賜っている。このの ち斯波家では若年の当主が続き、甲斐の権勢は高まっていく。一四五二(享徳《きょうとく》元)年に斯波義健《よしたけ》が子のないまま死去し、一門の斯波義敏《よしとし》が家督を継ぐが、この若い当主と長老の甲斐常治の関係はまもなく決裂、一四五六(康正《こうしょう》二)年になって義敏は山城《やましろ》の東光寺《とうこうじ》に引き籠ってしまう。朝倉と織田もこのころは甲斐と一味で、一四五七(長禄《ちょうろく》元)年には甲斐・朝倉・織田の手兵が京都に来ていた義敏配下の武士たち四〇人に襲いかかり、みな討ちとってしまうという事件を起こす。

このあといったん義敏と甲斐は和睦《わぼく》し、義敏も京都の自邸に戻るが、まもなく越前《えちぜん》で戦いが起きる。越前は斯波が守護をつとめる国だったが、ここで斯波(守護)の配下と甲斐・朝倉の軍勢が戦いを始めてしまったのである。一四五八(長禄二)年のことだった。甲斐と親交のあった奈良の興福寺《こうふくじ》大乗院《だいじょういん》門跡《もんぜき》の経《きょう》覚《がく》▲は「主従の合戦は未曾有のことで、世も末だ」と日記に書いているが、これに続けて「甲斐のことを室町殿（将軍の足利義政《よしまさ》▲）がひいきにしているので、斯波（義敏）のほうが劣勢のようにみえる」と状況を説明している。将軍の義政は陪臣にあたる甲斐のほうを援助していたのである。

一四五九（長禄三）年の五月、斯波義敏の軍勢が甲斐方の拠点にあたる敦賀《つるが》城《じょう》に迫り、多くの船で城を囲んだが、大風を受けて帰ろうとしたところを城兵《じょうへい》に襲われて惨敗した。東福寺《とうふくじ》の僧太極《たいきょく》▲はその日記（『碧山日録《へきざんにちろく》』）でこの事件にふれ、「甲斐は人臣である。人臣なのにその君と戦ったわけで、このまま終るはずがない。あとで禍《わざわい》が起きることだろう」といいながら、一方で斯波が家中《かちゅう》をまとめられなかったことも批判している。

越前での戦いを優勢に進めていた甲斐常治だったが、この年の八月十二日、彼は京都で死去してしまう。さきにみた太極は「臣下がその君に叛くことほど大きな罪はない。今日甲斐が死去したのは天罰だ」と日記に書いているが、将軍義政はあくまで甲斐氏を支援し、常治の後継者の甲斐敏光《としみつ》が越前守護代を継承することを認めている。

▼**経覚**　一三九五〜一四七三年。興福寺大乗院の門跡。興福寺別当《べっとう》もつとめる。父は九条経教《つねのり》。将軍や大名とつながりをもち、興福寺の実力者として活躍した。

▼**足利義政**　一四三六〜九〇年。室町幕府八代将軍。足利義教の子で、兄義勝《よしかつ》の早世により家督を継ぎ将軍となる。応仁の乱のなか、将軍職を子の義尚《よしひさ》に譲り、のち東《ひがし》山山荘《やまさんそう》を造営して東山殿《どの》と称した。

▼**太極**　一四二一〜?年。臨済《りんざい》宗《しゅう》の禅僧《ぜんそう》。近江の出身で俗姓は鞍《くら》智《ち》氏。京都の東福寺桂昌庵《けいしょうあん》のなかに住み、のち京都南郊の木幡《こはた》に移る。博学で詩文をよくした。

●──朝倉孝景

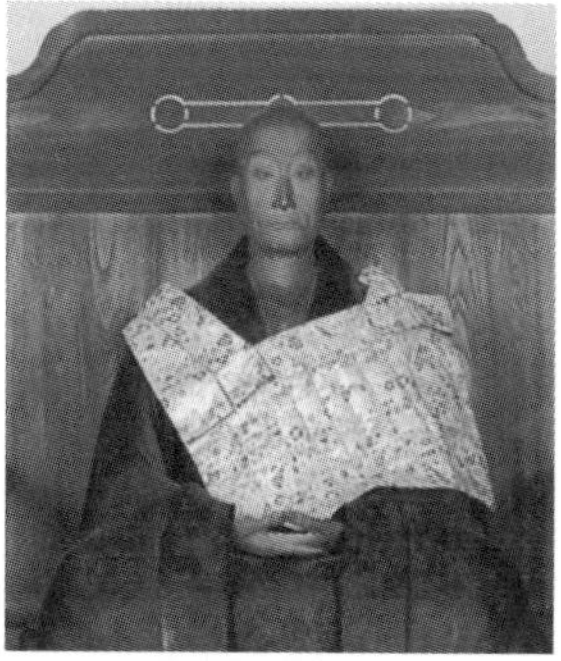

●──足利義政像

●──細川勝元像

将軍の信頼を完全に失った斯波義敏は失脚、一四六一(寛正《かんしょう》二)年に渋川《しぶかわ》家から迎えられた斯波義廉《よしかど》が斯波家の当主になり、甲斐敏光と朝倉孝景《たかかげ》がこれを支える形になった。ところがこれで安定したわけではなく、斯波義敏が復権を果たすこともあって、斯波家は義廉方と義敏方に分裂、一四六七(応仁《おうにん》元)年に大名たちが二派に分かれて戦いを始める(応仁の乱《らん》)と、斯波義敏は東軍、斯波義廉は西軍に属することになった。そして義廉方の重鎮となっていた朝倉孝景は東軍の大名の陣営を襲うなどめだった活躍をみせはじめる。一方の斯波義敏は越前に攻め込んで、ここを押さえることに成功するが、朝倉孝景は自身越前に乗り込んで義敏方と戦いを続けた。京都の西軍の陣営には孝景の子の氏景《うじかげ》がいて、父子で連絡を取りあいながら情勢に向きあうことになる。

東軍と西軍の分裂に際して、将軍義政は東軍の細川勝元《かつもと》▲にかつぎあげられていた。西軍方の朝倉孝景は将軍と敵対する形になっていたが、一四七一(文明《ぶんめい》三)年になって孝景は将軍に従う姿勢をみせて、東軍方になるから越前の守護に任命してほしいと申し出、これが受け入れられて、越前の守護職をあたえるという将軍の御内書《ごないしょ》を手にした。越前にいた朝倉孝景は、タイミングをうかが

▼**細川勝元**　一四三〇〜七三年。室町幕府の管領もつとめた大名。摂津・丹波・讃岐・土佐《とさ》の守護。応仁の乱では東軍の主将となったが、乱中に病死した。

った裏切りによって、一国の守護職を手にするという離れ業をやってのけたのである。これまで孝景は斯波義廉に従う形で活動していたから、この行為は主君に対する反逆にほかならなかった。京都にいた子息の朝倉氏景は、西軍の山名宗全《そうぜん》▲の館で大酒を飲んだあと、そのまま東軍の細川成之《しげゆき》▲のところに走り込んだ。父子で協力して仕組んだ「下剋上」はみごとに成功し、朝倉は越前支配の正当性を獲得したのである。

長尾景春の反乱

京都で東軍と西軍が対峙していたころ、遠く離れた関東も内乱の渦中にあった。関東のほうが内乱状況になったのは早く、一四五五（康正元）年から鎌倉公《く》方《ぼう》足利氏と関東管領上杉《かんれいうえすぎ》氏の戦いが始まっていた。室町幕府の時代、関東の一〇カ国（伊豆《いず》・甲斐・相模《さがみ》・武蔵《むさし》・安房《あわ》・上総《かずさ》・下総《しもうさ》・上野《こうずけ》・下野《しもつけ》・常陸《ひたち》）は鎌倉府《かまくらふ》と呼ばれる政権の管轄下にあり、将軍の一門にあたる鎌倉公方（足利氏）を、重臣の上杉氏が支える形で地域支配が進められていたが、公方足利氏と管領上杉氏の関係が悪化して、大きな内乱が起きることになったのである。最初の決裂は

▼山名宗全　一四〇四〜七三年。室町幕府の政治に参与した大名で、但馬《たじま》・備後《びんご》・安芸《あき》などの守護。実名は持豊《もちとよ》。応仁の乱では西軍の主将となったが、乱中に死去した。

▼細川成之　阿波を拠点とした細川一門の大名。伯父持常《もちつね》のあとを継いで、阿波・三河《みかわ》の守護をつとめる。応仁の乱では細川勝元に従い、東軍の将として活躍した。

●——**細川成之**

一四三八(永享十)年で、鎌倉公方の足利持氏《もちうじ》が関東管領上杉憲実《のりざね》の討伐を企て、危機を悟った憲実が将軍義教に救援を求め、幕府軍が関東に攻め込んで、公方の持氏が自害するという大事件が起きる。鎌倉公方と関東管領の対立に便乗して将軍が公方を滅ぼしたわけだが、関東のなかでみてみれば、家臣筋にあたる上杉が主君と対立して勝利をおさめたわけで、「下剋上」の先駆けといえなくもない。このあと将軍義教が暗殺されて状況が一転、持氏の子が鎌倉に迎え入れられて公方となり(足利成氏《しげうじ》)、公方と管領がともに政治を担う形は再現されたが、足利方と上杉方の対立はおさまらず、一四五四(享徳三)年に公方成氏が管領の上杉憲忠《のりただ》を謀殺した事件をきっかけに、大規模な内乱に突入することになったのである。

公方の足利成氏は下総の古河を拠点と定め、対する上杉陣営は武蔵の五十子《いかっこ》(現、埼玉県本庄《ほんじょう》市)にいて、東西で向かいあった。なかなか決着がつかずに対陣が長期化し、二〇年を超えて厭戦気分が広がっていったが、そうした時期に上杉陣営の内部で「下剋上」の内乱が起きることになる。五十子の上杉陣営のトップにいたのは関東管領の上杉(山内《やまのうち》)房顕《ふさあき》で、一門の上杉(扇谷《おうぎがやつ》)持朝《もちとも》もこれに協力していたが、実務を担っていたのは山内家の重臣の長尾景仲《ながおかげなか》・景信《かげのぶ》父子と扇谷家重臣の太田資清《おおたすけきよ》(道真《どうしん》)・道灌《どうかん》▲父子だった。幕府の場合と同じように、関東でも大名の重臣たちが実質的に政治を担うことになっていたのである。そして力をたくわえた重臣のなかから、主君に対する反逆を企てる人物があらわれることになる。

一四七七(文明九)年、山内家重臣の長尾景春《かげはる》が武蔵の鉢形城《はちがたじょう》で挙兵して、五十子の陣営を襲い、上杉(山内)顕定《あきさだ》▲や上杉(扇谷)定正《さだまさ》▲らは敗れて逃走した。長尾景春は山内家の家宰《かさい》をつとめた長尾景信の子で、父の死後に家宰の職務を継承できなかったことに不満をもち決起におよんだと伝えられる。詳細はわからないが、実力をたくわえた重臣が軍勢を集めて挙兵し、主君のいる陣営を襲ったわけで、これはまちがいなく「下剋上」の試みといえる。主君に反逆する場合には、主君の一門の誰かを擁立して形を整え、みずからの行動を正当化するのが普通のように思えるが、この場合は上杉一門のなかから形式的な主君をみつけだそうとした形跡もない。上杉の上にいる公方の足利成氏と景春はつながっていたから、公方の支持が反乱の背景といえなくもないが、上杉—長尾という

▼**太田道灌**　一四三二〜八六年。江戸城を築き、ここを本拠として政治をつかさどる。心敬《しんけい》を判者《はんじゃ》として歌合《うたあわせ》を行い、詩文家の万里《ばんり》集九《しゅうきゅう》を招くなど、文化的活動も担った。

▼**上杉顕定**　一四五四〜一五一〇年。越後守護上杉房定の子で、山内上杉氏の家督を継ぎ、関東管領をつとめる。長尾景春の乱ののち鉢形を拠点として関東の統治を進めたが、長尾為景と戦い敗死した。

▼**上杉定正**　一四四三〜九四年。扇谷上杉持朝の子。甥の上杉政真《まさざね》が戦死したため、扇谷家の当主となる。太田道灌を暗殺したのち、山内家の上杉顕定と戦いを始めた。

秩序自体は残しながら実質的な「下剋上」を実現するというのではなく、そもそもこうした秩序を残そうという発想をもちあわせない決起だったといえるかもしれない。

景春の反乱のしばらく前、京都では斯波重臣の甲斐常治と朝倉孝景が「下剋上」の動きを示しているが、考えてみればこの二人も、目の前の主君にかわるあらたな主君を擁立して事におよんだわけではない。斯波―甲斐、斯波―朝倉という主従関係自体を存続させねばならない、あるいはそのほうが都合がいいという発想がなく、目の前の主君が気にいらないという、きわめて単純な動機から行動を起こしているようなふしがあるのである。そう考えていくと、長尾景春が上杉一門の誰かを擁立したりせずに決起におよんだというのも、この時代にはよくあることで、不思議なことではないのかもしれない。

長尾景春の決起は取りあえず成功をおさめた。しかし上杉（扇谷）定正の重臣の太田道灌が上杉方の中心として各地で景春方を破り、反乱は数年で鎮圧されることになる。考えてみれば太田道灌も長尾景春と同じような立場（大名の重臣）だったわけだが、景春の「下剋上」に協力する道を選ばず、むしろこれを抑え込む役割を担ってしまったのである。

道灌のもつ実力によって上杉陣営が「下剋上」の内乱を克服したわけだが、これは道灌自身が主家を乗り越える可能性を十分もつことを広く示すことになり、道灌の主君にあたる上杉定正も警戒心を深めていった。そして一四八六(文明十八)年、相模糟屋《かすや》にある定正の館に招かれた道灌は、ここで主君の手の者によって殺害される。定正が道灌を暗殺した直接の理由は明らかでないが、迫りくる「下剋上」の動きを未然に封殺しようとして事におよんだものとみてよかろう。京都と同じく関東でも、主君と重臣の協力関係が破綻し、いずれかが他者を抹殺せざるをえないような状況になっていったのである。

斎藤妙椿・妙純と石丸利光

ここで舞台をふたたび京都とその周辺に戻すことにしたい。東軍と西軍のにらみあいが続くなか、斯波重臣の朝倉孝景が活躍したことは前述したが、ひとり朝倉だけでなく、大名の重臣たちが戦いを主導していたといっても過言ではない状況だった。東軍方では近江の京極《きょうごく》の重臣の多賀高忠《たがたかただ》、播磨《はりま》の赤松の重臣

▼**陶弘護**　一四五五～八二年。周防の大内氏の重臣。応仁の乱では大内政弘《まさひろ》に従い活躍。周防に戻って大内教幸《のりゆき》の反乱を鎮圧した。石見津和野《いわみつわの》で吉見信頼《よしみのぶより》と争い横死。

の浦上則宗《のりむね》、西軍方では美濃の土岐の重臣の斎藤妙椿《みょうちん》、周防《すおう》の大内の重臣の陶弘護《すえひろもり》▲などがめだった活躍をみせた。ことに美濃守護代の斎藤妙椿は、西軍方の中心として各地に転戦し、京都の西軍陣営を地方から支える役割を果たした。近江では東軍方の多賀高忠が勢力を広げていたが、妙椿は高忠と山城や近江で戦い勝利をおさめている。さらに妙椿は一四七三(文明五)年、余勢をかって伊《い》勢《せ》に攻めいるが、このとき軍勢を率いたのは、養子の斎藤利国《としくに》(のちの妙純《みょうじゅん》)と家臣の石丸利光《いしまるとしみつ》だった。

東軍と西軍の争いは一四七七(文明九)年に終結し、一応は東軍の勝利ということで落ち着くが、西軍方だった妙椿は討伐されることもなく、足利義政に赦される形でその勢力を保持した。一四七八(文明十)年のこと、西軍方だった織田敏広《としひろ》を討伐するため、同族の織田敏定《としさだ》を尾張に派遣させた義政は、斎藤妙椿に敏定に協力するよう求めたが、命令に従って尾張に出陣した妙椿は、突然方針を転換して織田敏広を支援し、織田敏定のいる清洲城に押しよせた。実をいうと敏広は妙椿の婿で、親しい間柄だった。表向きは義政の命令に従うそぶりをみせながら、実際にはまったく逆の行動に走ったのである。

斎藤妙椿の行動は自由奔放だったが、義政もこれを討伐するわけにもいかず、とくにおとがめをこうむることもなかった。妙椿のあとを継いだ斎藤妙純もなかなかの人物で、美濃の守護代として活動するだけでなく、各地に多くの権益をもち、また越前の朝倉貞景《さだかげ》(氏景の子)と縁組するなど、京都の東の地域一帯における最大の実力者として活躍した。守護の土岐氏は健在だったが、重臣の斎藤氏のほうが主家を圧倒していたことはまちがいない。

このように斎藤氏の台頭は著しかったが、実をいうとこの斎藤氏自身が、下からの突上げに直面していたのである。斎藤妙椿が伊勢に攻め込んだとき、その家臣の石丸利光が一方の大将をつとめたことは前述したが、この石丸が着々と力をたくわえ、主君にあたる斎藤妙純をおびやかす存在になっていく。そして一四九五(明応《めいおう》四)年、石丸利光は主君の妙純に戦いを挑んだ。守護の土岐家も分裂して、妙純と利光が別々の土岐一門をかつぎあげ、近江では京極高清《たかきよ》が妙純、六角高頼《たかより》が利光を後援、尾張では織田寛広《とおひろ》が妙純、織田敏定が利光に味方して動いた。妙純と利光の対立は、美濃・近江・尾張三国を巻き込む内乱に発展したが、一四九六(明応五)年の五月、美濃船田《ふなだ》の戦いで妙純が勝利をおさめ、利光が戦死したことで一応の決着をみることになる。

守護の土岐は健在で、その下に斎藤、さらにその下に石丸がいたわけだが、このうち石丸が主家の斎藤に弓を引いたのがこの一件だった。大名(守護)からみたら家臣の家臣(陪臣)にあたる人が、自身の主君(大名の家臣)に対して反乱を起こしたわけで、「下剋上」のレベルが一段階深まったということができる。大名の土岐を凌駕《りょうが》する勢力をつちかってきた斎藤も、すでにその家臣によって乗り越えられかねない存在になっていたのである。

細川政元と香西元長

美濃で斎藤と石丸の戦いが始まった二年前、京都では将軍が臣下《しんか》によって失脚させられるという大事件が起きていた。当時の将軍は足利義材《よしき》▲で、細川政元《まさもと》(勝元の子)がこれを支える形で幕府政治が運営されていた。この細川政元がクーデターを起こしたのである。このとき将軍義材は河内に出兵していたが、政元は義材のいとこにあたる香厳院清晃《こうごんいんせいこう》があらたな将軍になると宣言して京都を押さえた。一四九三(明応二)年四月二十二日のことである。義材は捕えられて

▼**足利義材**　一四六六〜一五二三年。室町幕府十代将軍。のち義尹・義稙《よしたね》と改名。細川政元と対立して越中に逃れ、さらに周防の大内氏を頼る。政元死後の混乱に乗じて上洛を果たし、将軍に復帰した。

●—細川政元

●—三好長慶

京都で幽閉されたのち、脱走に成功して越中《えっちゅう》に赴き再起を期すことになる。

室町幕府の管領をつとめた斯波・細川・畠山の三家のうち、斯波氏は一門の分裂と重臣の台頭によって力を失い、畠山氏も両家に分かれて争いを続けていた。こうしたなかで細川氏だけは分裂をまぬがれ、当主の細川政元のもとに一門と家臣が従う形でその力を保持し、将軍も乗り越える実力者になっていったのである。そして政元は自分と意見を異にする将軍を見限り、あらたな将軍を擁立するという、前代未聞のクーデターを決行し、成功をおさめてしまう。大名家の内部で起きていた「下剋上」の現象が広がるなかで、ついにトップの地位にいる将軍さえも臣下に反逆され、失脚を余儀なくされたのである。

「明応の政変」と呼ばれるこの事件は、「下剋上」を象徴する出来事ともいえるが、主君の廃立を決行した細川政元の地位もけっして安泰ではなく、家臣たちの「下剋上」の危機に直面していた。細川本宗家や一門のもとには多くの家臣たちがいたが、彼らはしだいに実力をたくわえ、家臣どうしの争いも頻発していた。そして実子のない政元の相続人を誰にするかをめぐって深刻な対立が起き、結果的に主君の政元が家臣によって暗殺されることになる。

細川政元は摂関家《せっかんけ》の九条政基《くじょうまさもと》の子息（澄之《すみゆき》）を養子にする一方、一門の阿波《あわ》守護家出身の青年（澄元《すみもと》）も養子に迎えていた。阿波から澄元を迎えた際に中心的役割を果たしたのは、摂津《せっつ》守護代もつとめる家臣の薬師寺元一《やくしじもとかつ》だったが、一五〇四（永正元《えいしょう》）年になって元一は主君の政元に反旗をひるがえし、淀城《よどじょう》に籠城した。政元が迅速に対応して軍勢を差し向けたため、反乱は簡単に鎮圧され、薬師寺元一は処刑される。そして元一に擁立された澄元は廃嫡されて、もう一人の澄之が家督に迎えられた。

政元は取りあえず危機を乗り切ったが、今度は香西元長《こうざいもとなが》という別の家臣の反抗に直面することになる。香西元長は讃岐《さぬき》出身の家臣で、山城の守護代に抜擢されて力を伸ばした出世頭だったが、力にまかせて極端な行動をとることも多く、主君の政元も頭を悩ませていた。淀城攻略で抜群の功績を立てたことで香西の立場は強まり、その行動も過激さを増した。一五〇五（永正二）年に香西元長は山科《やましな》や高尾《たかお》に攻め込んで近隣を放火、さすがに怒った細川政元は軍勢を派遣して香西をこらしめようとした。細川澄之と香西はつながっていたので、このこともあって澄之は立場を失い、一五〇六（永正三）年、いったん失脚してい

●——三好之長

た澄元が家臣の三好之長《みよしゆきなが》とともに入京を果たす。

こうして細川の家督は澄元に決まり、一方の澄之は丹波《たんば》の守護職をあたえられて丹波に下向《げこう》した。澄之と香西もそれなりの処遇をされたわけだが、政争に敗れた一派の不満は解消されず、やがて大きな事件が起きることになる。一五〇七（永正四）年六月二十三日の深夜、細川政元は浴室で暗殺され、翌二十四日、香西元長らの軍勢が細川澄元の館に襲撃をかけた。戦いは香西の勝利に終り、澄元と三好之長は近江に逃れる。

政元の暗殺と澄元邸襲撃が連動していることは明らかで、香西元長は政元と澄元の両者を抹殺しようとしてクーデターを起こしたのである。直接の敵は澄元と三好だが、主君にあたる政元も邪魔者だったのかもしれない。権力奪取のためとはいえ恩ある主君を殺害するというのはただごとではなく、香西の個性といえなくもないが、こうした極端な行動が許される時代になっていたということが背景にあるのかもしれない。

香西の決起は取りあえずの成功をおさめたが、長期的展望があったわけではなく、やがて細川澄元と三好之長が盛り返して情勢は一転する。そして八月一日、細川一門の高国《たかくに》らに攻められて澄之と香西は討死した。香西元長の天下は三五日だった。

長尾為景の成功

香西元長が討たれた一五〇七(永正四)年八月一日、遠く越後《えちご》の地で画期的な事件が起きた。守護代の長尾為景《ためかげ》が、主君で守護の上杉房能《ふさよし》の館を襲撃したのである。房能は府中《ふちゅう》から逃走するが、途中で敵に阻まれ討死する。

越後守護の上杉氏は関東管領もつとめた関東の上杉氏(山内上杉氏)の一門で、府中を拠点としながら越後を統括していた。これを支えたのが長尾氏で、代々守護代として地域支配を担った。関東で内乱が続くなか、越後国内は平和を保ち、上杉と長尾の関係も表面的には円満だったが、長尾氏が力をたくわえていくなかで、決裂のときを迎えることになったのである。長尾為景は前年に家督を継いだばかりの青年で、年長の主君におさえつけられるのを察知して事におよんだのかもしれないが、為景も守護上杉氏自体を滅ぼそうとしたわけではなく、房能にかわるあらたな主君をかつぎあげたうえでクーデターを起こしている。守護―守護代という体制自体は残しながら、そのなかで実権を握ることをめざしたのである。

戦いに勝利した為景は、自身が擁立した上杉定実《さだざね》を正式の守護に認めてもらうため幕府に申請するという行動にでる。京都では復権した細川澄元が一門の細川高国と争い、結果的には高国が勝利をおさめて、足利義尹《よしただ》(義材の改名)が将軍に復帰するという大きな転換があった。為景は義尹と高国に向けて申請をしたわけだが、この願いは聞き入れられ、一五〇八(永正五)年十一月に上杉定実を越後の守護に任命するという将軍の御内書が発給された。このとき長尾為景宛てにも御内書がだされたが、そこには「あなたが毎事意見を加えて補佐するように」と書かれてあった。

幕府に訴えて御内書をえることで、長尾為景はみずからの行動を正当化することに成功したのである。まもなく関東の上杉顕定が越後に攻め入り、為景は越後を追われるが、やがて反撃に転じ、一五一〇(永正七)年六月、越後の長森《ながもり》原《はら》で勝利して顕定を敗死させた。山内上杉氏は越後上杉氏の本家筋にあたるから、主君の主君を討ちとったことになる。顕定の養子の上杉憲房《のりふさ》は長文の書状をしたためて事の経緯を幕府に示し、為景を討伐してほしいと訴えた。「家郎（家の郎党《ろうとう》）の分際《ぶんざい》で両代の主人を滅ぼすというのは、天下に比類のないことではないか」。憲房は為景の行為の不当性を切々と訴えたが、幕府はこれに耳を貸さず、為景の政治的立場はゆるがなかった。

危機を乗り越えた為景は越後の支配を進めていくが、守護の上杉定実がこれに不満をもつようになるのは時間の問題だった。一五一三（永正十）年、定実は実権を握ろうとして春日山城《かすがやまじょう》に籠るが、すぐに為景の軍勢に押さえ込まれ、守護のクーデターは失敗に終った。こののちも定実は府中に残り、主君としての立場は保持するが、為景は越後支配の実権を掌握し、戦国大名ともいえる存在になっていく。京都の幕府との関係を保ちながら、長尾為景は「下剋上」を正当化することに成功し、長尾氏の大名としての基盤をつくりあげたのである。

三好長慶の達成

長尾為景は細川高国ら幕府首脳部と関係を保つことで「下剋上」を正当化することに成功したが、同じように幕府とのつながりをもとに「下剋上」を決行しようとしたのが播磨の浦上村宗《むらむね》である。浦上氏は播磨・備前《びぜん》・美作の守護をつとめた赤松氏の重臣で、村宗の祖父則宗《のりむね》は京都所司代《しょしだい》もつとめた大物だった。もともと京都でも活躍していたわけだが、浦上氏は勢力を強め、やがて主君にあたる赤松氏と衝突することになる。一五一八(永正十五)年、浦上村宗は主君の赤松義村《よしむら》との戦いを始め、二一(大永元《たいえい》)年には播磨の室津《むろつ》で義村を殺害したが、村宗は細川高国と親しく、将軍の義晴《よしはる》をかつて養育したという事情もあって、主君を殺害したことをとがめられることもなく、二三(同三)年には上洛《じょうらく》して将軍との謁見《えっけん》を果たしている。このとき村宗は二十代半ばの青年だった。長尾為景も浦上村宗も、二〇歳前後の若さで「下剋上」を試みたのである。

しかし彼の栄華は長くは続かなかった、細川高国が政争に敗れて京都を離れると、浦上村宗はこれを迎え入れ、再起をかけた戦いを始めるが、一五三一(享禄《きょうろく》四)年六月、摂津の天王寺《てんのうじ》で敵の襲撃を受け討死してしまう。このとき赤松政村《まさむら》(義村の子)も村宗といっしょに布陣していたが、親の仇《かたき》を討つという名目で敵方とつながり、村宗に攻撃を仕かけた。京都の公家の鷲尾《わしのお》隆康《たかやす》はその日記(『二水記《にすいき》』)のなかで「赤松の心中はいうにたらないことだと、世の人はみな話しているらしい」と世間の評判を書き残している。家臣の「下剋上」は世の人の認めるところで、機会をとらえて敵討ちをした主君のほうが批判される、そういう時代になっていたのである。

天王寺にいた細川高国と浦上村宗の陣地に攻め込んで勝利をおさめたのは、阿波出身の三好元長《もとなが》（之長の孫）である。彼は阿波守護細川家の重臣であるが、細川本宗家の晴元《はるもと》（澄元の子）を擁して堺《さかい》に乗り込み、宿敵を滅ぼすことに成功する。ところが勝利をおさめてまもなく、元長は主君にあたる細川晴元と対立し、大軍に攻められて堺で討死してしまう。一五三二（天文《てんぶん》元）年六月のことだった。実力をたくわえて「下剋上」の可能性を秘めた重臣を力づくで粛清したということかもしれないが、三好氏が滅亡したわけではなく、元長の子の千熊丸《せんくまる》は阿波に逃れて家督を継ぎ、元服《げんぷく》して三好利長《としなが》と名乗る（のち範長《のりなが》・長慶《ながよし》と改名）。そして一五三九（天文八）年、京都にのぼって晴元と対面した。彼は主君筋にあたる晴元と取りあえずは協力関係を保ち、秩序の安定につとめるが、一〇年後の一五四九（天文十八）年、晴元と決別して自立の道を進み、勝利を手中にして、京都とその周辺を押さえる存在になってゆく。

●——足利義輝

▼相伴衆　室町時代、将軍を中心とする饗宴《きょうえん》に参加することを認められた人びと。大名のなかでも上位の者がこの身分を認められた。

三好長慶は阿波守護細川家の家臣にすぎないから、将軍からみれば陪臣、あるいはもっと下位の存在だが、こうした身分の人物が幕府政治を仕切ることになったわけで、中央においても「下剋上」のレベルがいっそう深まったといえる。ただ三好長慶も将軍の存在を無視するわけにはいかず、将軍との関係をめぐっては苦労を重ねた。将軍義晴・義輝《よしてる》父子は城を築いて戦いを挑み、長慶は二度にわたってこれを撃退しているが、将軍の存在自体を否定することはできず、結局は将軍義輝の帰京を許し、将軍に従う形をとることになる。一五六〇（永《えい》禄《ろく》三）年正月、長慶は将軍のもとに参賀し、相伴衆《しょうばんしゅう》▲の地位をあたえられた。これまでの三好の身分を考えればたいへんな出世といえるが、こうした恩典を受ければ、将軍――三好という身分関係は固定されることになる。何度も将軍に痛い目にあわせられながら、やはり将軍を抹殺できない。三好長慶はそういう人物だったのかもしれない。

将軍と三好の関係は緊張感に満ちたものだったが、長慶の時代には取りあえず決裂は回避されていた。しかし長慶が死去すると状況は変わり、一五六五（永禄八）年五月に事件が起きる。三好氏の軍勢が将軍の御所《ごしょ》に迫り、戦闘が始まって将軍義輝が落命するという結果になったのである。これが計画的な主殺しなのか、思いがけない結末なのかはよくわからないが、いずれにせよ将軍と三好がうまく提携してゆくことが不可能な時代になっていたことを示すものといってよかろう。このときも三好側の行動は取り立てて非難の対象になっておらず、「下剋上」は正当化されたが、三好氏内部の分裂によって政情は混乱し、織田信長の登場によって三好の一派は挫折を余儀なくされる。そしてこの信長は、いったん将軍義昭を擁立しながら、その行動を厳しく規制し、結局は将軍を京から追い払った。三好長慶が果たせなかった「下剋上」を、信長はやってのけたのである。

下剋上と上剋下

一四四一(嘉吉元)年の畠山家の内紛から、一五八二(天正十)年の本能寺の変まで、家臣が主君を失脚させたり滅ぼしたりする事例を、ほぼ時代を追ってみてきた。「下剋上」と呼ばれるこうした現象は、突然広がったわけではなく、長い年月をかけて一般化していったのである。こうした行動に対する人びとの評価も変化をみせ、初めは「臣下が主君と戦うというのは大罪だ」というような感想を記す人もあったが、やがて「下剋上」そのものが悪であるというような批判的記事はあまりみえなくなっていく。

一五〇年におよぶ年月をかけて「下剋上」は一般化していったわけだが、「下剋上」の決起がいつも成功したわけではなく、逆に主君のほうが家臣を討伐する、「上剋下《じょうこくげ》」ともいえる事件もよく起きていた。美濃の土岐が重臣の戸嶋を誅殺したこと、関東の上杉(扇谷)定正が重臣の太田道灌を謀殺したことについては前述したが、こうした事例も枚挙にいとまがない。たとえば近江の場合、北の京極氏は家臣の浅井《あざい》氏によって実権を奪われるが、南の六角氏は重臣の伊庭《いば》氏との争いに勝利し、その力を保持することに成功している。中国地方の戦国大名として台頭した毛利元就《もうりもとなり》▲も、権勢をふるった重臣井上元兼《いのうえもとかね》とその一党を誅殺することによって、なんとか家中をまとめたという経験をもっていた。

「下剋上」と「上剋下」は相反するもののようにみえるが、主君と重臣とが協力しながら政務を運営する体制が破綻し、いずれかが他の一方を抹殺しようとして事件を起こしたという意味では、同じ事柄の表と裏にすぎないということも

▼**毛利元就**　一四九七〜一五七一年。もとは安芸の国人《こくじん》で、小早川《こばやかわ》氏や吉川《きっかわ》氏を傘下にいれて国内をまとめ、厳島《いつくしま》で陶晴賢を討ったのち、大内氏や尼子《あまご》氏を滅ぼして広大な大名領国《りょうごく》を築いた。

▼**大内義隆**　一五〇七〜五一年。周防山口を拠点とする戦国大名。

尼子氏と争い、出雲《いずも》に攻め込んだが敗退。京都出身の貴族を保護するなど、文化振興につとめたが、重臣の陶隆房に攻められ自害した。

▼**陶晴賢**　一五二一～五五年。大内義隆の重臣。周防守護代。初名は隆房。主君の義隆を滅ぼして実権を握ったが、毛利元就と安芸の厳島で戦い敗死した。

▼**大内義長**　?～一五五七年。初名晴英《はるひで》。豊後の大友義鎮《よししげ》（宗麟《そうりん》）の弟で、陶晴賢に擁立されて大内家の当主となるが、安芸の毛利氏に攻められて滅亡した。

●**大内義隆**

できる。主君と重臣のどちらが勝つかは、あらかじめ決まっているわけではなく、危機を悟ったほうが事を起こし、一方がこれに対抗するという形で戦いが展開されたのである。

　主君に対して戦いを挑むときのやり方も時代によって変化をみせた。甲斐常治や朝倉孝景の場合は、将軍義政とのつながりを背景にして、直接の主君に敵対しており、その際に主君の一門を擁立するといった方策をとってはいない。関東の長尾景春も主君の上杉顕定にかわる上杉一門を擁立して事におよんだわけではないが、これも古河公方の権威を背景にしていたからかもしれない。将軍や公方の権威が健在な時期には、主家との関係そのものを解消し、将軍や公方と直接つながろうとするような形の「下剋上」が展開したのである。

　しかしその後は主君を打倒する場合も、その一門を次の当主としてかつぎあげたうえで決起におよぶという形が一般化してゆく。越後の長尾為景の戦いも、上杉定実というかわりの主君を擁立したうえでのことだったし、周防の大名大内義隆《よしたか》▲を滅ぼした重臣の陶隆房《すえたかふさ》（晴賢《はるかた》）▲も、九州の大友《おおとも》家からあらたな大内家の当主（大内義長《よしなが》）▲を迎えている。目の前にいる主君との関係が悪化して対決が避けられなくなったとしても、主家にかわろうというわけではなく、家どうしの主従関係は保ったうえで自身の地位を確保しようとしたのである。

しかしこのような形式的な主君もやがて必要とされない時代が到来する。越後の長尾景虎《かげとら》（為景の子、のちの上杉謙信《けんしん》▲）が家督を継いだとき、守護の上杉定実は存命だったが、一五五〇（天文十九）年に定実が死去すると、後継ぎのないまま越後守護家は自然消滅した。守護がいなくても領国支配を進めていける時代になっていたのである。同じころに美濃では斎藤道三《どうさん》▲が土岐頼芸《よりのり》▲を追放して、土岐氏の時代も終りを告げ、尾張でも織田信長が斯波義銀を追いだした。そして信長は武家の身分制の頂点にいた将軍も追放してしまう。

「下剋上」の試みを重ねるなかで、中世の秩序はしだいに解体していった。しかしこうした「下剋上」が永遠に続いたわけではなく、一方で君臣《くんしん》関係も含めた秩序を保持しようとする動きも広がり、「下剋上」の時代は終りを告げる。「下剋上」の広がりの一方で起きたこのような社会現象について、次章でみていくことにしたい。

▼**上杉謙信**　一五三〇〜七八年。越後国を本拠とした戦国大名。初め長尾景虎といい、山内上杉家の家督を継いで政虎《まさとら》・輝虎《てるとら》と名乗り、入道して謙信と称した。

▼**斎藤道三**　一四九四〜一五五六年。長井《ながい》新左衛門尉《しんざえもんのじょう》の子で斎藤を名乗り、稲葉山《いなばやま》城主となる。尾張の織田信秀《のぶひで》と戦うが、のちに和睦。子の義龍《よしたつ》と長良川《ながらがわ》河畔《かはん》で戦い敗死。

▼**土岐頼芸**　一五〇一〜八二年。土岐政房《まさふさ》の子。斎藤道三に追放されたのち、六角氏や武田氏に身をよせ、武田氏滅亡後、美濃に戻る。

②―君臣関係の展開

立身出世の時代

中世の社会秩序が解体に向かって大きく舵をとった戦国時代は、戦いの続く不安定な時代だったともいえるが、これまでの秩序体系のなかでは日の目をみなかったような人びとが、さまざまの場面で活躍の場をあたえられた、明るい時代だったととらえることもできる。低い身分の出自の人が、自己の才覚のみを頼りにしながら、強運にも導かれて出世してゆくというストーリーは、現代の人たちにも身近なものといえる。いちばん有名なのは豊臣秀吉《とよとみひでよし》だろうが、秀吉に仕えて政治を担い、関ヶ原《せきがはら》で徳川家康《とくがわいえやす》と戦った石田三成《いしだみつなり》▲も、もとは近江《おうみ》の地侍《じざむらい》の子で、少年のときに長浜《ながはま》城主だった秀吉にみいだされてそば近く仕え、着実に立身出世をとげていったのである。

武田信玄《たけだしんげん》▲や上杉謙信《うえすぎけんしん》のような戦国大名《だいみょう》も、年若い少年を個別にみつけだし、近習《きんじゅ》に取り立てることをよくやっており、こうした経緯で家臣《かしん》となり、出世していく者も多かった。川中島《かわなかじま》の戦《たたか》いのときに信濃海津城将《しなのかいづじょうしょう》として活躍した

▼**石田三成**　一五六〇〜一六〇〇年。豊臣秀吉に仕えて活躍し、近江佐和山《さわやま》城主となる。五奉行《ぶぎょう》の一人として政治を担ったが、秀吉の死後徳川家康と対立、関ヶ原の戦いで敗れ処刑された。

▼**武田信玄**　一五二一〜七三年。甲斐を本拠とする戦国大名。実名は晴信。父の信虎《のぶとら》を追放して家督を継ぎ、信濃や駿河《するが》に攻めいり領国を広げた。

春日虎綱《かすがとらつな》（『甲陽軍鑑《こうようぐんかん》』▲）には高坂弾正昌信《こうさかだんじょうまさのぶ》とあり、こちらの名前のほうがよく知られている）は、もともと甲斐《かい》の石和《いさわ》の大百姓《おおびゃくしょう》の子で、一六歳のときに武田晴信《はるのぶ》（のちの信玄）の目にとまり、近習に取り立てられたと伝えられている。一方の上杉謙信も、一五五九（永禄《えいろく》二）年に比叡山麓《ひえいさんろく》の日吉山王《ひえさんのう》神社に参詣した際にみそめた一七歳の少年を越後《えちご》に招き、近臣《きんしん》に取り立てている。のちに重臣として活躍し、上野《こうずけ》や越中《えっちゅう》で城代《じょうだい》もつとめた河田長親《かわだながちか》である。

抜擢されたのは少年だけではなかった。奥羽《おうう》の戦国大名の伊達輝宗《だててるむね》▲の重臣として活躍した遠藤基信《えんどうもとのぶ》は、金伝坊《きんでんぼう》という修験者《しゅげんじゃ》の子で、諸国を遊歴したのち、米沢《よねざわ》に来て伊達家重臣の中野宗時《なかのむねとき》に仕え、そのあとで伊達輝宗にみいだされて重臣となったという経歴をもつ。輝宗に仕えたときには四〇歳近くになっていた。このの ち輝宗は関東の北条《ほうじょう》氏や、織田信長《おだのぶなが》・羽柴《はしば》秀吉と関係をもつことになるが、遠藤基信はこうした外交交渉を実質的に担い、書状のやりとりをしている。一五八五（天正《てんしょう》十三）年、五四歳で子息に家督《かとく》を譲って隠居するが、まもなく主君《しゅくん》の輝宗が横死すると、その二七日《ふたなのか》の弔いの日に自害し、主君の墓のとなりにほうむられた。いわゆる「殉死《じゅんし》」をとげたのである。

▼**『甲陽軍鑑』**　江戸初期に編集された軍書で、小幡景憲《おばたかげのり》が集大成したという。武田信玄・勝頼にかかわる事績や軍法、武士の心構えなどが書かれ、広く人びとに読まれた。

▼**伊達輝宗**　一五四四〜八五年。出羽《でわ》米沢城主。伊達晴宗《はるむね》の子。中野宗時の反乱を鎮圧し、遠藤基信を起用して家中をまとめた。子息政宗《まさむね》に家督を譲ったのち、畠山義継《よしつぐ》に拉致《らち》されて横死した。

一五九〇(天正十八)年、徳川家康は江戸《えど》城にはいり、その家臣たちも関東の各地に配置されたが、家臣のなかでももっとも多い禄高《ろくだか》を得たのは、当時三〇歳の井伊直政《いいなおまさ》だった(上野箕輪《みのわ》で一二万石)。彼は徳川家(松平《まつだいら》家)の譜代《ふだい》家臣ではなく、遠江《とおとうみ》の領主《りょうしゅ》である井伊直親《なおちか》の子息で、父親が殺害されて流浪していたところを家康にみいだされ、近習に取り立てられた新参者《しんざんもの》だった。家康に仕えたのは一五歳のときだが、その後、戦いや外交交渉で活躍して頭角をあらわし、武田氏の旧臣をまとめる軍団長に抜擢された。豊臣秀吉にも気にいられて、家康とともに上洛《じょうらく》したときには従五位下侍従《じゅごいげじじゅう》の官位をあたえられている。新顔ながら徳川の家中《かちゅう》のなかでも筆頭の地位を得たのである。上杉景勝《かげかつ》▲の重臣として活躍した直江兼続《なおえかねつぐ》は直政より一歳年長だが、越後坂戸《さかと》城主長尾政景《ながおまさかげ》(上杉景勝の実父)に仕えた樋口兼豊《ひぐちかねとよ》の子で、与六《よろく》といわれた幼少時から景勝に近習として仕え、二二歳のときに名門直江家の家督を継ぎ、政務を一手に担う重臣となっていった。

　伝統的な譜代の家臣ではなく、才能をみこまれて近臣に取り立てられた新参者が、政権の中枢にあって家中のまとめ役を果たすということが、この時代の

▼**上杉景勝**　一五五五〜一六二三年。上杉謙信の養子。謙信のあとを継いで越後の大名となり、豊臣秀吉に従い、のち会津《あいづ》に移る。徳川家康と反目して敗れ、出羽米沢に減封された。

大名家ではよくあったのである。譜代家臣や国人《こくじん》領主出身の家臣にとってみれば、こうした成り上がりが権勢をふるうのは不満だっただろうが、裏を返せば彼らの権勢は直接の主君との人格的つながりという、きわめて不安定なものを基盤にしており、主君が死去したり引退したりすれば、権力の座を明け渡さざるをえなくなることが多かった。こういう事情もあって、伝統的な家臣の不満が表立つこともなく、近臣上がりの重臣が政治を仕切る体制が長続きすることになったのである。

主君と家臣の関係

戦国大名の家中にはさまざまな家臣たちがいたが、こうした家臣たちとの関係を円滑に保つことが、大名のなによりの課題だったといえる。これまでの身分秩序が絶対的なものでなくなり、「下剋上《げこくじょう》」の可能性が広がる社会の動きのなかで、家臣たちの不満をなんとか押さえて、それなりの秩序を保ち続けようとしたのである。

安芸の国人だった毛利元就《もうりもとなり》が、厳島《いつくしま》で陶晴賢《すえはるかた》を破り、やがて中国地方一帯を

●――毛利元就

●――毛利隆元

▼**毛利隆元**　一五二三〜六三年。毛利元就の長男。毛利家の家督を継ぎ、父元就を支えて毛利氏の領国拡大を担った。厳島の戦いに際しては陶晴賢との対決を主張した。

領する戦国大名になっていったことはよく知られているが、実をいうと厳島の戦いのとき、元就はすでに隠居していて、毛利の当主は長男の隆元《たかもと》▲だった。元就が隆元に家督を譲ったのは一五四六（天文《てんぶん》十五）年、元就五〇歳、隆元が二四歳のときである。それなりの年齢になったので長男を当主にしたわけだが、彼がうまくやっていけるか心配だったので、志道広良《しじひろよし》という経験豊かな重臣を隆元の教育係にして、書状を届ける形でいろいろの指示をあたえた。五月二十七日付の広良宛ての書状は「とくに急を要することではないが、先延ばしするのもどうかと思って、一筆したためました」という前振りのあと、次のようなことが書かれている。

私は元来無器用者《ぶきようもの》で、また長いこと主人面《しゅじんづら》をしてきたので、何事につけ、みんなあきあきしていることだろう。少太（少輔太郎《しょうたろう》の略、隆元のこと）は当主になったばかりなので、みんな珍しくて、まだあきられていることもないようなので、なんとかして家中の者からも大事にされるように、きちんと導いてやってほしい。
弓箭方《きゅうせんかた》（戦い）のことだが、私の代にはとにかくいろんなことがあって、みんな役立ってくれた。だけれども、すべての人が不足のないように扶持《ふち》などを加えることもできなかったので、私はみんなから恨まれている状況だ。こんなことでは、みんながんばろうとも思わなくなって、毛利家の弓矢もすたれてしまうだろう。いろいろ気にしているけれども、私の代にはどうしようもない。そういうことなので、少太の心得としては、家臣たちが役に立ってくれるように仕向け、また役に立った者には、少太の所領《しょりょう》のなかからでも切りとって、扶助を加えてやるようにする、ということでなければならぬ。

元就は翌日も志道広良に宛てて書状をしたため、「とくに忠義の衆に対しては扶持を加えるようにしてほしい」と改めて強調した。書状を受け取った広良は、早速返事を書く。

二通の御書を、昨日と今朝いただきました。(隆元に)みせるようにとは書かれていませんでしたが、私が拝見するだけでは意味がないと思い、(隆元に)進上いたしました。このような御庭訓《ごていきん》はまことに金言といっていいものと思います。御家来《ごけらい》のことですが、武具や衣装は結構にみえますが、人びとの嗜《たしな》みは薄くなっているのではないでしょうか。大将となる人は忠義の者かそうでないかを見極めたうえで、賞と罰の二つを行うようにしなければならないと思います。ただ、賞のほうは厚くして、罰のほうは薄くするのがいいのではないでしょうか。「君は船、臣は水」です。水があるから船が浮かぶのです。船があっても水がなくてはどうしようもありません。

主君の依頼に応えて、家臣たちに賞罰を行うべきだといいながら、広良は書状の終りのほうで「家臣あっての主君」という持論を展開した。長年にわたって毛利家を支えてきた広良の自負の表れともいえるが、元就も書状のなかで「家臣を大切に」と繰り返しているから、こうした主従観をこの二人は共有していたということができよう。

考えてみれば、本来主従関係は双務的なものである。鎌倉幕府《かまくらばくふ》における将軍と御家人《ごけにん》は「御恩《ごおん》」と「奉公《ほうこう》」と呼ばれる行為によって結ばれていた。「御恩」があるからこそ主君と認め、これに「奉公」するのだという考えはごくあたりまえのもので、無条件に主君に従うという発想はあまり一般化していなかったのである。

▼**小早川隆景**　一五三三〜九七年。毛利元就の三男。安芸の小早川家を継ぎ、父の元就や甥の輝元を支えて活躍。豊臣秀吉にも信任され、筑前《ちくぜん》・筑後《ちくご》などを領する大名となった。

●──**小早川隆景**

大名からみた家臣たち

さきの書状でみたように、毛利元就は家臣たちとの関係を円滑に保ちたいと願い続けていたようだが、まもなくして重臣の井上元兼《いのうえもとかね》とその一派を手打ちにするという大事件を起こしてしまう。井上一門の台頭と無道ぶりにたえかねて行った処置だったが、いたし方ないこととはいえ、元就にとって一生の痛恨事だったらしい。三男の小早川隆景《こばやかわたかかげ》▲に宛てた書状のなかで、元就はこう述懐している。

　だいたい、主人が内の者(家臣)を討つというのは、その主人が無器用だからだ。器用の主君が内の者を討つということはない。このことをよくよく心得てほしい。毛利家では、兄の興元《おきもと》が死去して幸松丸《こうまつまる》殿が幼少だったので、井上衆をはじめとして、みんながわがままになった。そういう状況で私が家督を引き継いだが、自分は力量がなくて、こうしたことをなおすこともできず年月を送って、いっそうみなわがままになった。隆元の代になってもこんなありさまでは、毛利家も絶えてしまうと思い、こんなとんでもないことをしてしまった。家の主人に力量があれば、人をなくしたりしないで、よくおさめることができるわけで、そのほうが本筋だ。毛利家でも私の祖父の豊元《とよもと》や、父の弘元《ひろもと》は優れた人だったので、家臣を失うこともなく、みなから畏《おそ》れられていた。このようでいるのが本筋なのだから、とにかくお前のところ(小早川家)では、みんながきちんとがんばってくれているようなので、こうした状況が変わらないように、波風を立てないようにしてほしいものだ。

主君が家臣を誅伐するというのは、とんでもない悪事なのだから、自分のしたことをみならったりせず、家中の者と仲よくしてほしい。元就は息子にそう訴えかけたのである。

家臣が主君に叛《そむ》く「下剋上」も、主君が家臣を成敗《せいばい》する「上剋下《じょうこくげ》」も、できることなら回避したいというのが、おおかたの人びとの思いだったのではないか。そして個性の強い家臣たちをうまくまとめ、内紛が起きないようにするために、大名も常日頃から気を配っていたものと思われる。毛利元就と隆元の父子は、書状をやりとりする形で自分の気持ちを相手に伝えているが、残された書状の内容を読むと、家臣に対する品評や悩みがたくさん盛り込まれている。たとえば毛利隆元の書状を一つ紹介しよう。

昨日書状で申し上げたことについて、ご返事いただきました。「内孫《ないまご》▲」のことについておおせられたこと、心得ました。……前にも申したように、彼《か》の者は、ほかの人に比べれば、まあまあです。今召し使っている者のなかでは、ぼーっとしているところもなく、むらもなくて、よく奉公しています。このままで成長してくれればと思います。一人前になるまで、いろいろ工夫して召し使いたいと思っています。

ついでなので、いろいろ書きます。「与十《よじゅう》▲」と「佐藤《さとう》▲」などは、傍輩《ほうばい》のことをあまり考えず、一筋にこちらのことを大事に思ってくれています。「児《こ》弥十《やじゅう》▲」は、なんとも無風流な者で、ものも知らないようにみえますが、この者もこちらのことだけを一心に思って奉公してくれています。傍輩に追従しようなどという考えは、まったくない人物です。弟の「左五《さご》▲」は、前にも申し上げたように、少し野心がある人物のようです。いろいろな気分になるようで、なんとかしたいと思ってもうまくいきません。……

最後に「兼弥《かねや》▲」についてですが、いつも申し上げているように、なんともた

▼内孫　「毛利家文書」の近習衆具足《ぐそく》注文・毛利氏番帳《ばんちょう》にみえる内《ない》藤孫十郎《とうまごじゅうろう》か。

▼与十　「毛利家文書」の近習衆具足注文・騎馬衆以下注文にみえる粟屋与十郎《あわやよじゅうろう》か。

▼佐藤　「毛利家文書」の近習衆具足注文にみえる佐藤七郎次郎《しちろうじろう》か。

▼児弥十　「毛利家文書」の騎馬衆以下注文・毛利氏番帳にみえる児玉弥十郎《こだまやじゅうろう》か。

▼左五　「毛利家文書」の毛利氏番帳にみえる児玉左衛門五郎《さえもんごろう》か。

▼兼弥　「毛利家文書」の近習衆具足注文・騎馬衆以下注文にみえる兼重弥三郎《かねしげやさぶろう》か。

えがたいことでず。最近心安く召し使っていたのですが、ほんとうに心が定まらない者です。いいときには一筋にがんばってくれるようなのですが、なんなのか気の向かないときには、散々のことで、ひらりと他人のほうに心が移って、こちらのことは少しも考えてくれません。なんとかしてなおしたいと思いますが、生まれつきの性分なので、どうしようもありません。いつも気をつけているだけです。

「内孫」「与十」「佐藤」「児弥十」「左五」「兼弥」は、みな隆元の近習をつとめている若者だが、隆元は父親宛ての書状のなかでそれぞれの個性について細々と書き込んだ。そば近く仕える小姓《こしょう》たちにもいろいろのタイプがあって、主人のことを第一に考えて真面目に仕えてくれる者もいれば、主人より傍輩のほうを大事にしたり、気分でころころ行動を変える者もいた。無粋《ぶすい》なところがあっても、とにかく自分のことだけを心にかけて仕えてくれる人のことを、隆元が気にいっていたことがよくわかるが、家臣たちをまとめるためには、とにかく彼ら一人ひとりの個性をつかんでおく必要があったのである。

時代はかなりくだるが、一五九九(慶長《けいちょう》四)年の前田利家《まえだとしいえ》▲の遺言状にも、家

▼**前田利家**　一五三八〜九九年。織田信長の家臣で、柴田勝家に従い活躍。のち豊臣秀吉に従い、加賀金沢《かなざわ》を居城とする。五大老《たいろう》のなかでも徳川家康に次ぐ第二位の実力者だった。

●—前田利家

●—前田利長

臣たちに対する品評が列記されている。これは子息の前田利長《としなが》▲に宛てた長文の書状だが、家臣の一人ひとりについて個別の言及がなされていた。

長《ちょう》九郎左衛門《くろうざえもん》と高山南坊《たかやまみなみぼう》は、よそ見をしないで、私だけを大切に思ってくれた律儀者だから、少しずつ茶代をつかわすなどして、情けをかけてほしい。

片山伊賀《かたやまいが》は、大きなことをしたいと思っている人間なので、もしものときには謀叛《むほん》を起こすかもしれない。言葉にも気をつかって、油断のないように。

徳山五兵衛《とくやまごへえ》は、いろいろよそとつながって、大名たちとも知合いになっているようだ。私が生きているあいだはおとなしくしていたが、機会をうかがっているようなので、私が死んだらきっと裏切るだろう。きちんと仕置きするように。

山崎長門《やまさきながと》はいい人物だ。越中での戦いのときも活躍してくれた。ただちょっと意地が悪くて、偏屈《へんくつ》な武辺者《ぶへんしゃ》だから、三〇人や四〇人の頭辺りが適当だ。それ以上の軍団の大将にしたりしてはならぬ。

▼**前田利長**　一五六二〜一六一四年。前田利家の長男。父の死去により家督を継ぎ、五大老の一人となるが、徳川家康と和睦《わぼく》して加賀・能登《のと》・越中の領知を守った。

秀吉死去後の緊迫した政治情勢のなか、前田の家中が団結して難局を乗り越えてくれるかどうか、利家は心配でたまらなかったのだろう。裏切り者もでるかもしれないが、なんとか家中をまとめてほしいとの願いをこめて、家臣一人ひとりの個性を具体的に書き残して後継者に示したのである。

離反と忠義

自分が死去したあと情勢が変われば、離反する家臣もでるかもしれないと前田利家は心配していたが、主従関係は本来双務的なものだから、状況によっては家臣たちがつぎつぎに裏切って大名家が滅んでしまうこともありえた。

こうした現象としていちばん有名なのは一五八二(天正十)年の武田氏の滅亡だろう。東国《とうごく》で最大の領国《りょうごく》を誇る武田氏は、織田信長の軍勢に敗れて滅びるが、大軍による決戦が行われたわけではなく、家中の離反によって短時日のうちに敗北したというのが実情だった。武田一門で重臣の地位にあった木曽義昌《きそよしまさ》▲や穴《あな》山信君《やまのぶただ》▲が信長や家康にくだって軍勢の道案内をし、小山田信茂《おやまだのぶしげ》▲も離反して、最後まで武田勝頼《かつより》▲に従ったのはわずかな近臣たちだけだった。もともと木曽・穴

▼木曽義昌　?〜一五九五年。信濃国木曽の領主。武田氏滅亡後は木曽・安曇《あずみ》・筑摩《ちくま》三郡を領する。その後、徳川家康に従って関東にはいり、下総国《しもうさのくに》蘆戸《あしと》に移住した。

▼穴山信君　一五四一〜八二年。甲斐国南部の領主。入道名は梅雪《ばいせつ》。武田氏に仕え、駿河江尻《えじり》城代をつとめる。武田氏滅亡後、徳川家康とともに堺《さかい》に出向くが、本能寺《ほんのうじ》の変《へん》後の混乱のなか、土民《どみん》に襲撃され横死した。

▼小山田信茂　一五四〇〜八二年。甲斐国東部の都留《つる》郡の領主。織田軍の襲来にあたって武田勝頼を裏切り、織田信忠《のぶただ》に降伏しようとしたが、許されず殺害された。

▼武田勝頼　一五四六〜八二年。武田信玄の四男。父のあとを継いで甲斐・信濃・駿河を統治し、上野にも進出するが、織田軍に攻められ滅亡した。

▼**今川氏真**　一五三八〜一六一四年。駿河・遠江の戦国大名。今川義元《よしもと》の子。武田信玄に攻められて駿府《すんぷ》から懸川《かけがわ》に逃れ、さらに徳川家康に敗れて北条《ほうじょう》氏を頼る。のちに家康に従い、公家《くげ》との文化交流などにつとめた。

山・小山田といった面々は甲斐や信濃《しなの》の独立した豪族で、武田氏の傘下におさめられたといういきさつをもつから、武田家が勢いのあるときは協力するけれども、情勢が変われば離反するというのはあたりまえかもしれないが、それにしても武田家の滅亡は悲劇的である。

初めは主家《しゅけ》に従って戦ったものの、力およばず降伏し、場合によっては敵だった大名の家臣になっていくというケースも多かった。一五六九(永禄十二)年のこと、浜名湖《はまなこ》に面する遠江堀江城《ほりえじょう》を守っていた大沢基胤《おおさわもとたね》は、徳川家康の軍勢に囲まれ、数カ月たえたあと、家康の要請を受け入れてその軍門にくだり、そのまま堀江城の守将として残ることを認められた。みずからの地位を保ちながら大沢は家康の臣下《しんか》になったわけで、「降伏《こうふく》」というより「転職」に近い。ちなみにこの「降伏」に先立って、大沢は主君にあたる今川氏真《いまがわうじざね》▲に書状をだして「ここまでなんとかがんばってきました。みんなで討死してもいいのですが、そんなことをしても御国《おくに》(今川家)のためになるわけでもないですよね」と自分の気持ちを伝え、氏真もこれに応えて「これまでの忠節には感謝している。もうどうにもならないので、あなたの思いどおりにしてかまいません」と返答している。

▼**柴田勝家**　?〜一五八三年。織田信長の重臣。越前《えちぜん》八郡をあたえられ、北庄城《きたのしょうじょう》を居城とする。信長の死後、羽柴秀吉と対立し、秀吉の軍勢に攻められて自害した。

武田と徳川に攻められて今川家は滅亡に瀕しており、氏真もこうした情勢を受け入れて、家臣に「降伏許可状」をだしたのである。

このように家臣たちの行動はかなり自由度の高いもので、状況によっては主君をすててあらたな道を模索することが多かった。ただ、主君の命令にあくまで従って「忠義《ちゅうぎ》」をつくし、命を落としてしまうこともないわけではない。一五八二年六月三日の越中魚津城《うおづじょう》陥落はそうした事例の一つである。

越後の上杉景勝は武田勝頼と同盟を結んでいて、武田氏が滅亡するとすぐに信長の討伐対象となる。柴田勝家《しばたかついえ》▲を大将とする大軍が越中に攻め入り、魚津城は窮地に立たされた。四月十三日のこと、春日山《かすがやま》の上杉景勝は魚津の城将宛てに激励の書状をだすが、「みなさんの心中のことが思いやられて、心も心ならずといったありさまです」と書き始めたあと、景勝は城将の一人ひとりのことを具体的に書き連ねていく。

吉江織部《よしえおりべ》父子三人と、喜四郎《きしろう》のことは、謙信の御芳志を受けた者だから、その御眼力をあとになって汚すようなことのないように。

長与次《ちょうよじ》も、謙信にかわいがられた者なので、恥をかかないように。

若林《わかばやし》と蓼沼《たでぬま》は、旗本《はたもと》の「さね」(中核)なので、申すまでもない。石口《いしぐち》兄弟は、今度旗本に召しつかわされたうえは、立派な働きをみせてほしい。

安部《あべ》のことは、「沙汰《さた》におよばない」(いうまでもない)。

藤丸《ふじまる》は加賀《かが》で名のある者だから、これも申すまでもない。

亀田《かめだ》は、若者なので、めだった活躍をしてほしい。

三河守《みかわのかみ》は、先年の一乱のときも味方をしてくれた。それに年配でもあるので、頼りにしている。

山本寺《さんぼんじ》は、名門でもあり、また若くもあるので、このときとばかりに励んでほしい。


多くの城将たちを一まとめに激励するといったありきたりの形ではなく、一人ひとりの来歴を踏まえて、上杉家のためにがんばってほしいと訴えたのである。このののち四〇日余りの籠城の末、城将たちは討死をとげる。『越後治乱記《ちらんき》』という書物によれば、討死を決意した彼らは、自分の名前を板札に書いたうえで、耳のつぼに穴をあけてこの板札を結びつけ、敵と戦って討死したり自害したりしたという。織田方からの偽りの和解工作を信じてでてきたところを討ちとられたという説もあり、真相はよくわからないが、魚津城将の討死が「忠義」の象徴として後世に伝えられたことはまちがいない。

「忠義」の心の広がり

主君のために命をささげる行為や、世間の人びとがそうした「忠義」を称賛するといったことは、もちろんこの時代に始まったものではない。古い時代のこととしてまず思いつくのは、源義経《みなもとのよしつね》▲に仕えた佐藤継信《さとうつぐのぶ》・忠信《ただのぶ》兄弟の逸話だろう。兄弟はもともと奥州《おうしゅう》の藤原秀衡《ふじわらのひでひら》の家臣で、秀衡の命により義経の従者《じゅうしゃ》となり、各地の戦いで活躍したが、兄の継信は屋島《やしま》の戦いで戦死し、弟の忠信も義経が奥州に向けて逃れたのち、京都で討手と戦って落命した。主君のために命をすてた兄弟のことは『平家物語《へいけものがたり》』や『義経記《ぎけいき》』に描かれ、称賛すべき物語として人びとのあいだに広がっていった。

『平家物語』では「継信最期」という一段を設けて彼の最期を描いている。屋島の戦いのとき、平教経《たいらののりつね》▲が義経を狙って矢を放ち、主君の前に立ちふさがった

▼**源義経**　一一五九～八九年。源義朝《よしとも》の子で頼朝《よりとも》の弟。奥州の藤原秀衡に養育される。平家《へいけ》と一《いち》の谷《たに》・屋島・壇《だん》の浦《うら》で戦い、これを滅ぼしたが、頼朝と争い奥州で討たれた。

▼**平教経**　一一六〇～八五?年。平教盛《のりもり》の子。平清盛《きよもり》の甥。平家一門きっての剛勇の士として『平家物語』に描かれる。壇の浦で自害したというが、『吾妻鏡《あずまかがみ》』では一の谷で戦死したとみえ、定かでない。

継信は射ぬかれて落馬してしまう。義経が継信の手をとって「なにか思い残すことはないか」とたずねると、継信は「なにもありませんが、あなたが出世なさるのを拝見しないで死んでゆくのは口惜しいことです」と答え、さらに「源平《げんぺい》の合戦《かっせん》で、奥州の佐藤三郎兵衛継信という者が、讃岐国《さぬきのくに》屋島の磯で、主君の命にかわって討たれたと、末代までの物語になることは、弓矢をとる身としては今《こん》生《じょう》の面目《めんぼく》、冥途《めいど》の思い出です」といって落命した。物語的な描写ではあるが、主君のために命をささげるといった「忠義」の行為は、人びとに伝えられて賞賛とともに語られるべきものだったことがよくわかる。

南北朝《なんぼくちょう》内乱を描いた『太平記《たいへいき》』にも似たような話がある。河内《かわち》の四条畷《しじょうなわて》で足《あし》利《かが》方の高師直《こうのもろなお》▲と南朝方の楠木正行《くすのきまさつら》▲の決戦がなされるが、このとき上山六郎左衛《うえやまろくろうざえ》門《もん》という武士が師直の身替わりとなって討死した。楠木の軍勢が迫ったとき、上山が師直の前に立ちふさがって、「八幡《はちまん》殿より以来、源家《げんけ》累代の執権《しっけん》として、武功天下にあらわれた高武蔵守《むさしのかみ》師直はここにいるぞ」と名乗って討死してしまうが、彼が主人にかわって戦死した理由は、その直前の主人の言葉に感動したからだと『太平記』は語る。敵軍が攻めよせるとは思わずに、武具もつけずに上

▼**高師直**　?〜一三五一年。足利尊氏《たかうじ》の重臣で執事《しつじ》をつとめる。南朝方との戦いで活躍し実権を握るが、尊氏の弟の足利直義《ただよし》と対立し、摂津《せっつ》の武庫川《むこがわ》で討ちとられた。

▼**楠木正行**　?〜一三四八年。楠木正成《まさしげ》の子。南朝の中心勢力として河内《かわち》・摂津を転戦したが、河内の四条畷で高師直・師泰《もろやす》の軍勢に敗れ自害した。

山は師直の陣に赴くが、敵が迫っていると聞いて、そこにあった師直の大鎧《おおよろい》をとっさに手にとり、出かけようとした。これをみつけた師直の若党が、それは主人の鎧だととがめだてをしたが、これを聞いた師直は若党をにらみつけて、「おまえの振舞いはとんでもないことだ。今私の命にかわろうとする人に対しては、たとえ千両万両の鎧であっても惜しむべきではない」と叱りつけ、上山に向かって「その大鎧姿、ご立派です」と言葉をかけた。楠木軍が迫ってきて師直があやうくなったとき、文句をいった若党はまっさきに逃げだしたが、上山は主君の恩義に感じて身替わりとなって討死をとげた。『太平記』はこのように上山の討死の理由を語っている。主君との個人的なつながりのなかで生まれた素朴な感情に基づいてこうした行動をとる人びともいたのである。

室町幕府の時代にも、家臣が主君の身替わりとなって命を落とす事件があった。一四四三(嘉吉《かきつ》三)年のこと、加賀の守護代の山川八郎《やまかわはちろう》が京都に乗り込み、主君にあたる少年(のちの富樫泰高《とがしやすたか》)の立場を守ってほしいと訴えるという事件が起きた。当時富樫家は二つに分裂していて、もう一人の富樫(さきの少年の甥)が家督に認められて、山川の主君にあたる少年は失脚を余儀なくされていた。こうした状況のなかで山川八郎は実力行使に走り、京都を騒がせることになるが、「今回のことの責任をとって自分が切腹《せっぷく》するから、主人を退治するのはやめてほしい」と幕府に訴え、結局これが受け入れられて、山川八郎は父や若党三人とともに切腹した。このことを聞いた公家《くげ》の万里小路時房《までのこうじときふさ》は「思慮のたりない行動だ」と批判的に日記（『建内記《けんないき》』）に書いているが、伏見宮貞成親王《ふしみのみやさだふさしんのう》▲の日記（『看聞日記《かんもんにっき》』）は同情的で、「主人を助けるためにみずから腹を切ったというのは、忠節の至りで、感嘆にたえない」と感想をもらしている。主君のために命をすてるという行為が称賛に値するものだという感覚は、人びとのあいだにしだいに広まっていったようである。

①章で詳しくみたように、嘉吉のころから家臣が主君に刃向かう「下剋上」の動きが顕在化し、以後一〇〇年以上にわたって「下剋上」の事件があいつぐことになった。しかしこうした時代にあっても「忠義」を重んじる思想は残り、やがて「下剋上」の風潮はしずまってゆく。「下剋上」の連鎖を断ち切り、組織を存続させるために、「忠義」という発想を共有することが求められるようになったのかもしれない。

▼**貞成親王**　一三七二〜一四五六年。崇光《すこう》天皇の孫で栄仁《よしひと》親王の子。京都南郊の伏見に住む。称光《しょうこう》天皇の死後、子の彦仁王《ひこひとおう》（後花園《ごはなぞの》天皇）が即位したため、貞成は天皇の父となり、太上《だいじょう》天皇の尊号《そんごう》を受けた。

大名家の多くが淘汰され、天下統一《てんかとういつ》が進められる時代になると、立身出世の機会は鎖され、決まった組織のなかで生きることが求められるようになっていく。そうしたなかで、主君を乗り越えようというエネルギーは弱まり、主君のもとで組織を固め、そのなかでみずからの役目を果たすのが正しい生き方だという考えが広まっていったように思える。

上杉景勝の重臣の直江兼続は、主君との人的つながりを基盤にしながら、長年にわたって政務を担った。その実力と勢威は大きかったが、主君を乗り越えて大名になろうとしたりせず、主君の景勝も兼続に信頼を寄せ続けた。二人が円満な関係を保つことができたのは、その性格もあるだろうが、主君と家臣の争いが続く時代を経験するなかで、破局を防いで秩序を保とうと努力を積み重ねた結果とみてよかろう。時代は大きく変わっていったのである。

『三河物語』と『葉隠』

長く続いた戦国の戦いは、一六一五(元和《げんな》元)年の大坂夏《おおさかなつ》の陣《じん》で幕を閉じる。大坂城に集まった武士たちの抵抗をおさえて、徳川家康は勝利を手にするが、

▼**大久保忠教**　一五六〇～一六三九年。松平氏の家臣大久保忠員《ただかず》の子で、忠世《ただよ》の弟。徳川家康に仕えて一〇〇〇石《ごく》を知行《ちぎょう》し、鑓《やり》奉行をつとめた。のち旗奉行となり一〇〇〇石を加増される。

激戦のなかで家康の本陣《ほんじん》に立てられていた旗がくずれるというハプニングがあった。あとでこのことを知った家康は事の真偽を確かめようとするが、みんなが旗は倒れたと証言するなか、大久保彦左衛門忠教《おおくぼひこざえもんただたか》▲はただ一人「旗は倒れていない」と言い張った。のちになって先祖の功績とみずからの経験を『三河《みかわ》物語』としてまとめた忠教は、このときのことをこう述懐している。

私は相国様《しょうこくさま》(家康)まで、七代にわたって召しつかわれている譜代《ふだい》の者なので、どうして御旗《みはた》に疵をつけることなどできようか。たとえ旗が逃げたとしても、「逃げてはいない」と申し上げるのが当然だ。……三方ケ原《みかたがはら》の戦いのほかには、後にも先にも相国様の御旗がくずれたことはない。いわんや、七〇歳になられて、最後の戦いのときに御旗がくずれたということになったら、いつの世に恥を雪《すす》ぐことができようか。そういうことなので、命にかえても「御旗はくずれていない」というのが、譜代の者の務めなのだ。

乱戦のなかで旗がくずれたか否かは、どうでもいいことだった。問題なのはこうしたことが世間に広まり、主君が恥をかくことで、これこそ命をかけて押しとどめなければならない。大久保忠教は本気でそう考えていたのである。

『三河物語』の末尾には、子孫に対する教訓が書きならべられているが、主君からどのような扱いを受けようとも、ひたすら奉公に励むべきだということが、繰り返し強調されている。「自分は主君に対して身にあまるほど奉公した。主君のいる方向に足を向けて寝たこともないし、朝夕の看経《かんぎん》のときにも、釈迦《しゃか》の次に相国様をおがみ、そのあと両将軍様(秀忠《ひでただ》と家光《いえみつ》)のご安穏《あんのん》とご息災《そくさい》を祈っている」、「今は主君からありがたい御恩を受けることはまったくないけれども、そのことを不満に思ったりしないで、よくよく奉公するように。もし主君に背いたりしたら、七逆罪《しちぎゃくざい》の咎《とが》を受けて地獄に堕ちることになるだろう」。こう書き連ねたあと、次のように締めくくる。

この世はかりの宿だ。後世を大切に思って、かえすがえす無沙汰をせず、御馬取《おうまと》りになったとしても、鑓《やり》かつぎになったとしても、御意《ぎょい》に背いてはいけない。御家をでてはならぬ。……どんなことがあっても、「御意次第、火のなかでも水のなかでもはいります」と笑って、ご機嫌がよくなるように御奉公するように。親・兄弟・女子・眷属《けんぞく》一類を集めても、御主様一人にかえてはいけない。御主様のためならば、こうした者たちのことは打ちすてて奉公するように。……こうしたことを、おまえたちの子どもによく申し伝えよ。もしもこの教訓に背いて、御主様に無沙汰をしたりしたら、私は死んでいたとしても、おまえたちの喉笛《のどぶえ》に喰いついて、殺してしまうぞ。

主君から大切にされず、出世できなかったとしても、怨みに思ったりせず、ひたすら奉公に励むように。これが大久保忠教の教訓の要点だったが、ここには前にみたような「家臣あっての主君」といった発想はみられない。主君と家臣の関係は双務的なものではなく、主君には無条件で奉公するものだという意識が人びとのあいだに広がっていったのである。

『三河物語』から一〇〇年近くたったころにまとめられた『葉隠《はがくれ》』でも、主君に対する無私の奉公の大切さが強調されている。これは肥前《ひぜん》佐賀藩士の田代陣基《たしろつらもと》が、先輩の山本常朝《やまもとつねとも》▲などから聞いた話を筆録したもので、佐賀藩内で起きた事柄や、そこから導きだした教訓を取りまとめた大作だが、たとえば次のような記述がある。

奉公人は、心入れ一つですむものだ。分別や芸能にわたれば事がむずかし

▼**山本常朝**　一六五九〜一七一九年。佐賀藩士。九歳から二代藩主鍋島光茂《なべしまみつしげ》に仕える。四二歳のとき主君の光茂が没すると、ただちに出家し引退した。

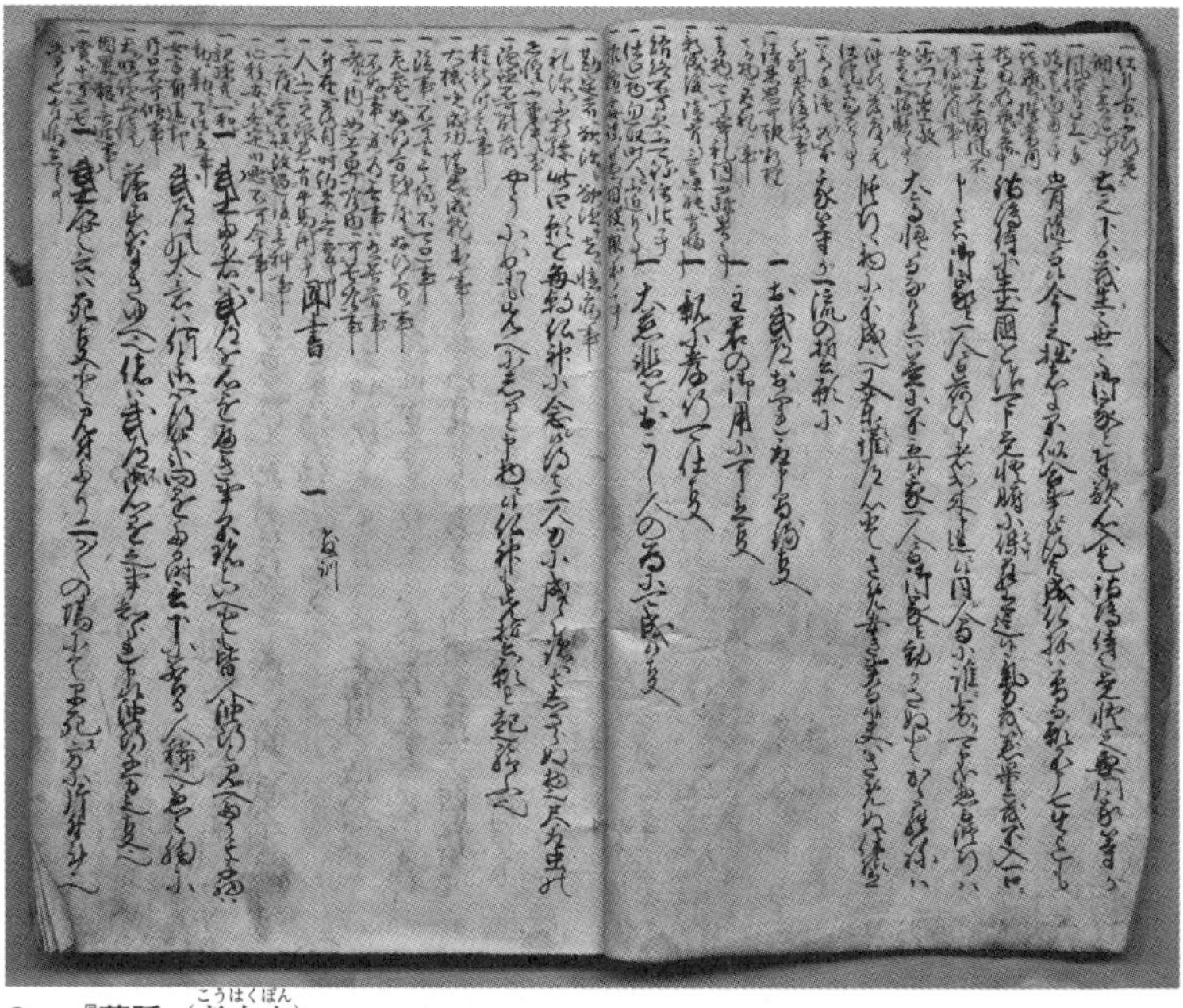

●──『葉隠』(孝白本《こうはくぼん》)

●──「常朝《じょうちょう》先生《せんせい》垂訓碑《すいくんひ》」(佐賀市金立町《きんりゅうまち》) 山本常朝の隠棲の地に建てられている。

くなって、心が落ち着かないものだ。また、業《わざ》で御用に立つのは下段だ。分別もなく、無芸・無勇で、なんの御用にも立たず、田舎の果てで一生朽《く》ち果てる者が、いちばんの被官《ひかん》である。殿からねんごろにされても、情けなくされても、なにも考えてもらえなくても、そういうことにはかまわないで、いつも御恩の忝《かたじけ》ないことを骨髄に感じて、涙を流して大切に思うというのが大事だ。これは簡単なことで、そういうことはできないという人はいないだろうし、そう考えてはならぬ、ということもない。それなのに、こうした心持ちの衆はまれなものだ。ただ心のなかだけのことで、こういうのを長《た》けの高い御被官というのだ。これは「恋の心入れ」のようなものだ。情けなくつらいほど、想いが増すというものだ。たまたまお逢いしたときなどは、命もすてる気持ちになる「忍ぶ恋」などが、いい手本だ。一生いいだすこともなく、思い死にする心入れは深いものだ。もしも偽りごとをいわれても、そのときは一人で悦《よろこ》び、あとで偽りだとわかったら、ますます深く思い入れるということで、君臣《くんしん》の道もこのようでありたいものだ。特別の才能や分別はいらない。主君のことをひたすら想って奉公するのが大切なのだ。主君からねんごろにされても、無視されても、そういうことには関係なく、一途に奉公するというのが家臣の務めだと説きながら、これは「恋の心入れのようなものだ」と書き加えている。この「恋」については別の箇条で詳しく書かれ、「忍ぶ恋」こそ究極の恋の道だと説かれているが、ここにも「主従のあいだなども、この心ですむことだ」という一文がみえる。相手からどうあしらわれようともおかまいなく、ひたすら恋する人のことを想って生きるという「忍ぶ恋」の道は、主従の関係にも通じるものだというのである。

大名のもとで政治をつかさどる家老《かろう》たちの振舞いについても『葉隠』には書かれているが、ある家老は「諫《いさ》めをするというのは、すでに私事だ」と常々いっていたという。大名に問題があると思っても、公の場で理詰めで諫めるのではなく、ついでのときにそっと申し上げ、わかってもらうようにするのが肝腎だというのである。理詰めで諫めるというのは、「自分は忠節者だ」といっているだけで、主君の悪名をあからさまにするのだから、大不忠というべきものだ。主君に問題があったとしても、周囲の人がわからないように、いろいろ工夫して、本人が気がついて改心してくれるようにするというのが大切だ。主君に恥をかかせないようにするのが家老の心得だというのである。

　この家老の言葉には、さきにみた大久保忠教の行動と通じるものがある。大切なのは主君と家臣の関係で、この秩序がくずれないように気を配ることがなにより大事なのだと、彼らは共通して強調しているのである。

　『葉隠』には昔の故事も書き込まれているが、その一つに家康の家臣で尾張《おわり》藩の家老となった成瀬正成《なるせまさなり》▲にまつわる逸話がみえる。成瀬を尾張藩主（徳川義直《よしなお》▲）の家老にしたときに、家康は成瀬に向かって「尾張殿が謀叛《むほん》を企てたときには、早速江戸に言上《ごんじょう》します」という内容の起請文《きしょうもん》を書くよう命じた。ところが成瀬はこれを拒否する。「こんなものは書けません。私を尾張殿の家来にされた以上、今日から私の主人は尾張殿です。だから主人のことを江戸に言上する謂《いわ》れはありません。もしも主人が謀叛を企てたならば、私もこれに同意して、江戸に向かって弓を引くまでです。そのようにお心得ください」。

　直接の主君だけが絶対的な存在なのだ。成瀬は家康に向かってそう訴えたのである。

▼**成瀬正成**　一五六七〜一六二五年。徳川家康の家臣の成瀬正一《まさかつ》の子で、早くから家康に仕えて活躍。尾張藩主徳川義直を補佐して藩政を掌握し、犬山《いぬやま》城主にもなった。

▼**徳川義直**　一六〇〇〜五〇年。徳川家康の九男。甲府《こうふ》城主・尾張清洲《きよす》城主をへて、名古屋城主となる。成瀬正成・竹腰正信《たけのこしまさのぶ》らの補佐により藩政《はんせい》の確立につとめた。

③――地域社会の成熟

中世の支配と課税

　ここまで二章にわたって、中世社会の秩序がしだいに解体し、あらたな社会秩序が生まれてくるありさまを、「下剋上《げこくじょう》」と「忠義《ちゅうぎ》」という事柄に注目しながら具体的に跡づけてみた。ここで分析の対象にしたのは、人びとの思考や行動の変化で、とくに支配者の中心にいた武家《ぶけ》の人びとの世界で起きた事柄を取り上げた。こうしたことを踏まえたうえで、この章ではより視野を広げて、社会の仕組みや地域支配の形が、一五〇〇年余りのあいだにどのように変わっていったのか、おおまかにまとめてみたい。

　多くの社会においては、人びとは平等ではなく、支配する側と支配される側に大きく分かれていることが多い。両者をどこで分けるかは議論もあろうが、単純化していえば、年貢《ねんぐ》などの租税をとるほうが支配者で、これを上納しているのが被支配者ということができるだろう。そういうふうに考えると、支配者と被支配者の関係、いいかえれば「支配者はどのようにして人びとをまとめたのか」という問題を考えるためには、年貢などの租税について具体的にみていくことがまずは必要だということができよう。

そもそも昔の人はどのようにして、誰に対して税金をおさめていたのか。現代社会においては国と地方公共団体（県や市町村）というものがあり、私たち日本国民は、「国税」と「地方税」をおさめている。こうした状況に慣れていると、昔の人も同じように国税と地方税をおさめていたと考えてしまいそうだが、こうした課税のシステムがつくられたのは近年のことで、古い時代の納税のあり方は現代とは大きく異なっていたとみてまちがいない。

よく知られているように、古代には租《そ》・調《ちょう》・庸《よう》▲と呼ばれる租税があって、人びとの上納物は中央（奈良や京）の国庫か、それぞれの地域（国や郡）の倉庫におさめられていた。ところがこうした体制がくずれて、列島の各地に荘園《しょうえん》が生まれるようになると、人びとの租税のあり方も大きく変化をみせる。中世には荘園が各地に広がり、地域の人びとは特定の荘園のなかで生活するようになるが、こういう状況になると、百姓たちは自分のいる荘園の領主《りょうしゅ》に対して年貢や公事《くじ》といったものを上納するようになっていく。

▼**租・調・庸**　租は田地にかかる税で、稲を諸国におさめた。調と庸は絹・布・糸などを中央政府におさめたものである。

列島には無数の荘園が生まれたが、こうした荘園の領主となったのは、中央（とくに京都）にいる貴族《きぞく》や大寺院で、地域の荘園の年貢や公事は遠路はるばる京都まで運ばれた。鎌倉幕府《かまくらばくふ》が生まれて武士たちも支配者に加わり、地頭《じとう》として荘園支配にかかわるようになると、彼らが居住している鎌倉も首都的な都市となり、鎌倉に年貢や公事が運ばれることも多くなった。年貢や公事の中身はさまざまで、米の場合もあるが、絹や海産物などを届けるケースも多かった。

中世にも「日本」という国家は存在したが、こうした国家が人民に恒常的な税を課するということは一般化していなかった。国家の中核を構成する人びと（天皇・貴族など）も、「国税」で生活していたわけではなく、それぞれが所有する荘園からもたらされる年貢などによって日々の生活や政治的活動をまかなっていたのである。もっとも「国税」にあたるものがまったくなかったわけではなく、伊勢《いせ》神宮の造営などのときには国単位で銭《ぜに》が徴収されることはあるが、あくまでもこれは臨時のものだった。室町《むろまち》時代になると幕府が段銭《たんせん》▲や棟別銭《むなべつせん》▲などの徴収をときたま行い、こうした税の徴収を担った各国の守護《しゅご》たちが、やがて独自に段銭や棟別銭を賦課するようになる。このように「国税」のようなものが

▼**段銭**　田地の広さ（反別）に応じて賦課された税。

▼**棟別銭**　家屋の数（棟別）に応じて賦課された税。

徴収される場面はふえていったが、この段階ではまだ制度として確立した租税にはなっていない。

中世の百姓《ひゃくしょう》たちは荘園という支配体制のなかで生活し、荘園の領主（領家《りょうけ》や地頭）に年貢や公事をおさめていた。今の国税にあたるような賦課もなくはないが、あくまで臨時のもので、広い地域にまたがる恒常的な課税というものはあまりなかった。荘園単位で租税はおさめられ、人びとは年貢・公事の上納という行為をとおして中央にいる領主とつながっていたのである。

地域には多くの荘園が並び立っていたが、荘園それぞれの独立性は強く、年貢や公事の額についても荘園ごとに別個に決められていた。現代のように普遍的な税率があるわけではなかったのである。年貢や公事の決め方には、年々の収穫のようす（豊作か不作か）を調べたうえで契約を結ぶという方法もあったが、豊凶に関係なく決まった年貢を毎年おさめる契約がなされることがしだいに広まっていった。年貢や公事の額はあくまで領主と百姓の契約によるもので、国家がこれに口出しすることはなかった。

年貢や公事の額は領主と百姓だけが知っていたので、領主の交代にあたっては、あらたな領主が税額を百姓にたずねるという場面がよくみられた。旧領主から新領主への「引き継ぎ」がないのかという疑問もあるだろうが、領主が交代するというのは、もとの領主が政治的に失脚してしまった場合がほとんどだから、こうした「引き継ぎ」は事実上不可能である。だからあらたに領主となった者が地域の百姓に先例をたずねて、それに基づいて契約を結ぶというのが一般的だったのである。

権力と百姓の対面

新しくあらわれた領主から、これまでの年貢の額をたずねられて、百姓たちが正直に申告したかどうか疑わしいところもあるが、極端な過少申告はなかったようである。不作のときなどには年貢を減らしてほしいと百姓たちもいろいろの行動を起こしたが、年貢や公事をおさめること自体は当然のこととして受け入れていた。中央の貴族や大寺社の荘園の百姓として位置づけられるのは、それなりに名誉なことだったし、一定の税をおさめることで安全を確保できればそれでかまわないというのが、中世の百姓たちの一般的心性だった。

しかし中世も後半になるとこうした意識にも変化が生まれる。旱魃《かんばつ》などによる不作を理由として年貢や公事を減らしてほしいという訴えを起こす百姓もふえていき、一定の成果も獲得するようになっていく。室町幕府が健在のころは荘園領主の権威も強く、大きな減免は実現されなかったが、幕府の力が衰えてゆく十五世紀の半ばすぎになると、年貢や公事の未進が広がって、荘園制はゆきづまっていく。それまで現状に疑問をもたずに年貢や公事をおさめていた百姓たちが、これまでの社会秩序の問題点に気づき、意識的に年貢・公事の未進を重ねていったわけで、これも一種の「下剋上」といえなくもない。また近隣の武士たちが荘園のなかにはいりこんで権益をおかすといったことも頻発していた。

十五世紀の後半には、こうした状況が大きく広がり、いわゆる「支配階級」に属する人びとは危機に直面していた。このままでは社会の秩序がくずれかねなかったが、領主の側も手をこまねいていたわけではなく、いろいろの方法を使って支配の立直しをはかった。

一四五八(長禄《ちょうろく》二)年のこと、奈良の興福寺《こうふくじ》大乗院《だいじょういん》の雑掌《ざっしょう》▲は、所領《しょりょう》である越《えち》

▼**雑掌**　公家《くげ》や寺社などのもとにいる実務担当者で、荘園の管理にあたったり、在京して訴訟事務を担ったりした。

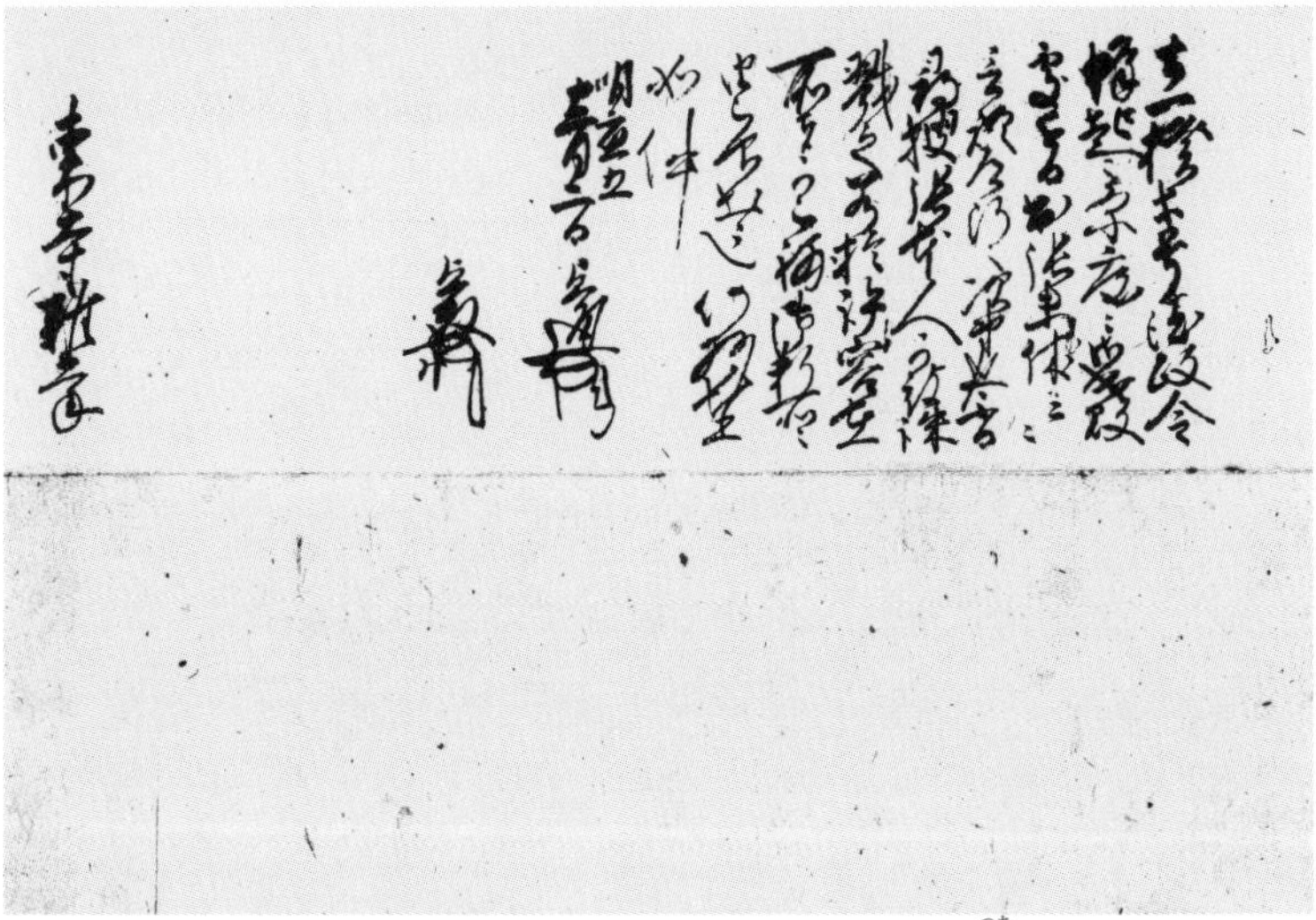

●――**室町幕府の奉行人奉書**（明応５〈1496〉年12月２日付）　土《つち》一揆の主謀者の捜索を命じたもの。奉行人奉書は紙を横に半分に折る折紙《おりがみ》形式のものが多かった。

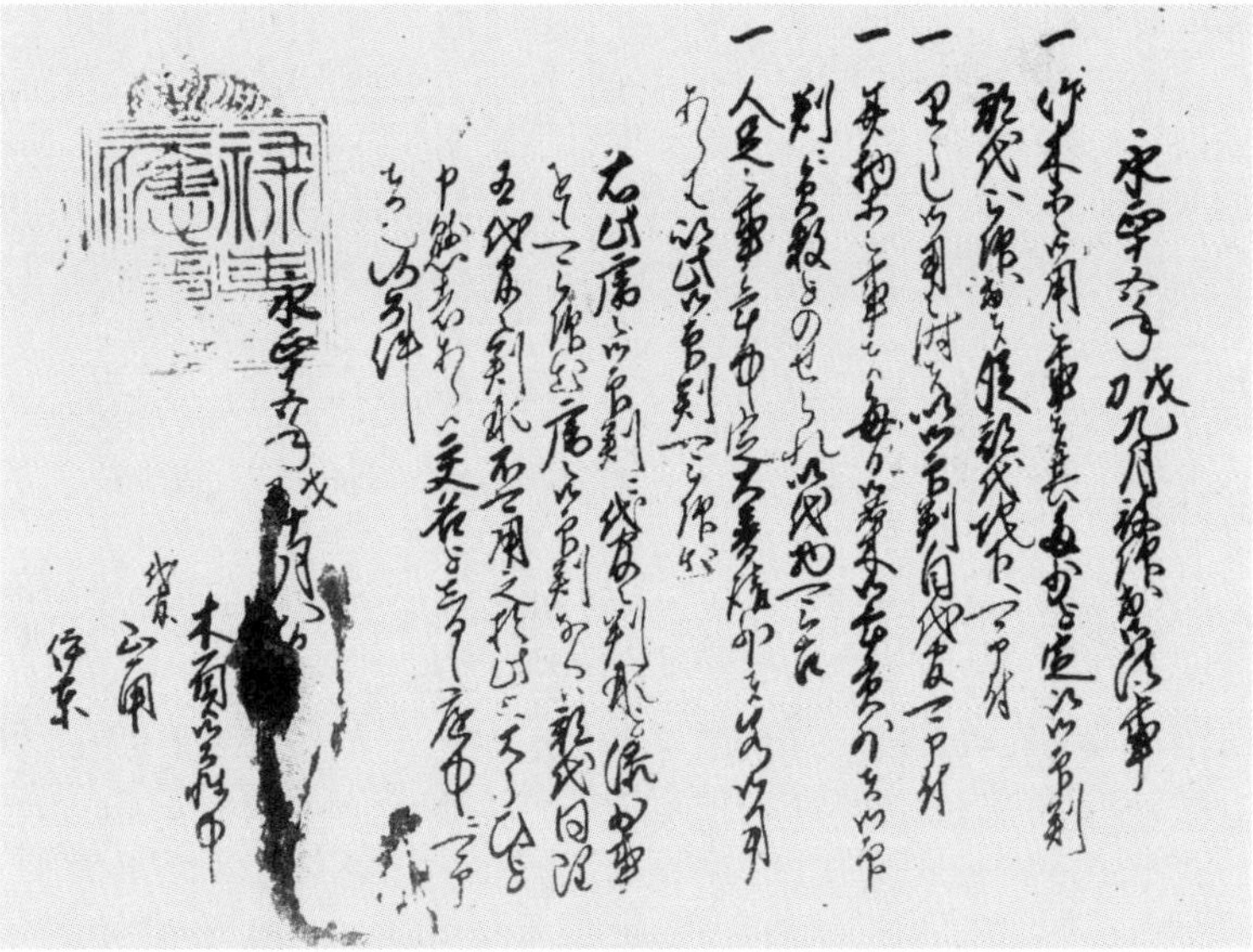

●――**北条氏（伊勢氏）の印判状**（「大川文書」永正15〈1518〉年10月８日付）

前国河口荘《ぜんのくにかわぐちのしょう》内を直接支配しようとして、幕府に頼んで奉行人《ぶぎょうにん》二人が連署した文書（奉行人奉書《ほうしょ》）をもらった。「大乗院家雑掌」宛てのこの奉書は、河口荘内をきちんと支配せよというもので、申請者（大乗院）の権利を認める内容のものだが、このほかに「当所名主《みょうしゅ》沙汰人《さたにん》中」に宛てられた奉行人奉書も同時に発給されている。この奉書には次のように書かれていた。

> 大乗院家の雑掌が申してきた越前国河口荘内の七郷のことだが、雑掌宛ての奉書の内容に従って、ほうぼうからの違乱を止め、雑掌がきちんと所務（年貢収納など）ができるようにしなさい。もしもこの命令に背く者がいたら、罪を科すことにするから、そういう人物の名前を書き上げた名簿をつくって、こちらまで届けるように。

当時この所領は守護につながる武士たちの妨害を受けて、大乗院の支配は危機に瀕していた。そうした状況を克服するために、寺の雑掌が直接支配することにして、幕府のお墨付きをもらったわけだが、あらたな支配を実現するためには、郷の代表者である「名主沙汰人」宛ての文書をつくってもらう必要があると、領主の側は考えたのである。現地入りした雑掌は、そこでこの文書を名主や沙汰人たちにみせ、所領支配をおびやかす武士たちとつながったりしないで、領主である自分に協力してほしいと要請したのだろう。

所領支配を開始するにあたって百姓宛ての文書を幕府からだしてもらうというのは、これまでにはほとんどないことだった。荘園や郷を支配するためには、自分宛ての幕府の文書があれば十分で、これさえあれば百姓たちも従ってくれていたわけだが、状況は大きく変わり、百姓宛ての文書をみせなければことが進まないような時代になっていったのである。さきにみた河口荘内の事例では武士の妨害という背景があるが、特別こうした事情がない場合でも、あらたに所領支配を始めるにあたって「年貢・公事などを今までどおりきちんとおさめるように」などと書かれた「名主沙汰人」宛ての奉行人奉書がだされることが多くなる。

そもそも中世の支配権力である朝廷や幕府、さらには守護といったものは、領主階級のまとめ役で、彼らの利害調整がなによりの仕事だった。領主の下にいる一般民衆のことをまったく考えていなかったわけではないが、彼らはあくまで個々の領主の下にいる存在で、中央の権力が領主を飛び越えて百姓と直接向かいあうことはほとんどなかった。しかし中世の社会秩序がくずれ、地域の百姓たちが力をつけていくなか、幕府のような権力も荘園や郷の百姓と関わりをもつようになっていったのである。

十六世紀になると列島各地に戦国大名《だいみょう》が並び立ち、まとまった領国《りょうごく》を支配するようになるが、こうした大名たちも荘園や郷村の百姓たちと関わりをもち、百姓宛てに文書をだすようになる。とくに関東南部を支配した北条《ほうじょう》氏は、百姓宛ての文書を多く残しているが、そのもっとも古い事例は、一五一八（永正《えいしょう》十五）年に伊豆《いず》の長浜《ながはま》・木負《きしょう》の「御百姓中」に宛ててだされた印判状《いんぱんじょう》（七五ページ下写真参照）である。「禄寿応穏《ろくじゅおういん》」ときざまれ、上部に虎が配された方形朱印《ほうけいしゅいん》（虎の印判と呼ばれる）が捺された文書で、指示している事柄は次のようなものである。

竹や木の御用があるときには、その数量を決めて、この印判を捺した文書で郡代《ぐんだい》に指示し、郡代から地下《じげ》に申しつけるようにします。美物《びぶつ》（おいしい食べ物）については、毎日の御菜や御年貢のほかに必要があれば、印判状にその数量を載せて、それにみあう銭をおさめてもらうことにします。

人足については、年中定められている大普請《ふしん》のほかに御用があれば、やはりこのような印判状で指示することにします。

北条氏(このときは北条氏に改姓する前なので、厳密にいえば伊勢氏である)から長浜・木負の百姓に対していろいろの御用を課すときには、この印判を捺した文書をだして指示するので、そのように心得るように、というのが要点だが、そのあとに「虎の印判がなかったら、郡代や代官《だいかん》の判形《はんぎょう》があっても、命令に従ってはならぬ。もし文句をいってなにかをとろうとするような者がいたら、その名前を書きだして、こちらまで訴えてくるように」と書かれている。いろいろ理由をつけて役をとろうという人が多くいたのだろうが、大名の北条氏はこうしたことを認めず、大名の命令にだけ従えばいいというお墨付きを郷村の百姓たちにあたえたのである。

北条氏がこの時期すでに領国の百姓たちと直接関係を結び、いろいろの役をかけていたことがわかるが、このような指示をするにあたって、直接「百姓中」に宛てて文書をだしていることはやはり注目すべきである。宛名の「御百姓中」のあとには「代官」の山角《やまかく》と伊東《いとう》の名前もみえるが、この文書の受取り先は百姓中とみていいだろう(実際この文書は百姓の代表ともいえる大川家《おおかわけ》に伝来されている)。領主や代官を飛び越えて大名と百姓が直接向かいあう、そういう時代になっていたのである。

戦国大名と百姓

前述したように、十六世紀になると数多くの戦国大名が並び立つことになる。駿河《するが》の守護から戦国大名に成長した今川《いまがわ》氏、相模《さがみ》の小田原《おだわら》を拠点としながら関東の中心部におどりでた北条氏、越後《えちご》の守護代《だい》から身を興こした長尾《ながお》氏、甲斐《かい》の国衆《くにしゅう》をまとめあげた武田《たけだ》氏といったところが東国《とうごく》の著名な戦国大名で、西国《さいごく》では周防《すおう》の大内《おおうち》氏、出雲《いずも》の尼子《あまご》氏が早い時期に並び立ち、やがて毛利《もうり》氏と大友《おおとも》氏が台頭して巨大な領国を築く。

戦国大名は地域的にまとまった領国の支配者だから、すべての土地と人民を強力に支配していたというイメージがあるが、大名領国の郷や村がみな大名のものだったわけではもちろんない。郷や村には領主(給人《きゅうにん》)がいて、そこの百姓たちは領主に年貢や公事をおさめていたのであり、大名が年貢や公事を徴収できるのは、自分が領主である郷村（いわゆる直轄領）からだけだった。領主のほとんどは大名の家臣《かしん》だったが、百姓から上納された年貢などは家臣（給人）のもので、それが大名に上納されるということはなかったのである。整理してまとめると、大名領国の郷や村のなかには、大名の直轄領と家臣（給人）の所領があり、直轄領の百姓は領主でもある大名に年貢や公事をおさめ、給人の所領の百姓は、領主である給人（大名の家臣）に年貢や公事をおさめていたということになる。そして領国全体でみてみれば、給人の所領のほうが圧倒的に多かったのである。

このように年貢や公事に限ってみれば、戦国大名は自分の直轄領の百姓からしか上納物をもらえないことになるが、上位権力である領域支配者としてその役割を果たすために、直轄領であるか給人領であるかにかかわらず、領国全体の百姓を対象とするさまざまな租税や役を徴収するシステムをつくりあげていく。

その中心的なものが段銭と棟別銭である。段銭は百姓が所有する田の面積（反《たん》別）に応じて賦課される税で、棟別銭は百姓の家ごとに賦課されるものである。前述したようにこうした租税は室町幕府や守護も徴収していたが、多くは臨時の課税であり、安定した租税として確立するまでにはいたっていなかった。ところが十六世紀の戦国大名たちは、段銭や棟別銭を領国の百姓がおしなべて負担すべき基本的な税として位置づけ、領国経営のために欠かせない財源の一つにしたのである。

段銭や棟別銭の額は、大名によってさまざまだった。北条氏の場合、段銭の税率は田地一反当り四〇文《もん》程度で、棟別銭は一間《けん》(軒)当り五〇文だったが、武田氏は段銭を徴収することはせず、そのかわりに棟別銭は一間当り二〇〇文という高率だった。奥羽《おうう》の大名の伊達《だて》氏の場合、税率はよくわからないが、残された帳簿によれば、段銭は一六四二貫文《かんもん》、棟別銭は六五〇四貫文にのぼっている。直轄領からの年貢だけではなく、領国全体の百姓から段銭や棟別銭をまんべんなく徴収することによって、戦国大名はその経済基盤を固めたのである。

このような租税を広い地域に賦課するためには、それぞれの郷村における田畠や家屋の実態を把握しておく必要がある。そもそもどのくらいの面積の田があるか、家の数はいくつかといったことがわからなければ、租税の額を決められない。もっとも古くから段銭や棟別銭は賦課されていたから、それなりの帳簿はあったらしいが、それは現実とはほど遠い内容のものだった。こうした状況を克服するために、戦国大名は田畠の面積や生産力を調べる検地《けんち》や、家数の調査などを積極的に実施していく。当時の検地は縄を張って面積をはかるような厳密なものではなく、郷村からの申告によるものも多かったので、実態を正確に把握できていたとはいえないが、以前に比べれば格段に現状掌握を進めることができたといえる。このようにして郷村の高《たか》が決められたが、これは給人（家臣）の軍役を設定するときの尺度にもなった。戦いのときにどの程度の軍勢をだすかということも、家臣たちそれぞれの高に応じて決められるようになっていったのである。

大名によって決められた郷村の高は、給人（家臣）と百姓が大名に対して役を負担するときの量を決める基準となった。家臣も百姓も同じように大名領国の構成員であり、大名家のために相応の負担をしなければならないという考え方が広がっていくが、考えてみればこれは画期的なことかもしれない。さきにみたように中世には恒常的な「国税」はなくて、百姓たちは自分の領主に対して個々に年貢や公事を上納しているだけだった。北条氏のような戦国大名は、もちろん日本全体をまとめているわけではなく、一定の広がりをもつ地域の支配者にすぎないが、みずからの領国を「国」のようなものと意識し、領民からまんべんなく租税を集めることに成功したわけで、ここにいたって「国税」のようなものが一般化したととらえることもできるだろう。

百姓たちは大名の「国」の一員としてさまざまな役を負担した。前記した段銭・棟別銭はその一つだが、それだけではなく、拠点となる城の普請に一定期間動員されることが多かった。北条氏の場合、この役は「大普請役」と呼ばれ、郷村の高に応じて人数と日数が定められた。領国の一員として生きるためには、租税だけでなく労働奉仕も求められたのである。

このように百姓たちは「国税」ともいうべき負担を義務づけられたが、段銭・棟別銭にしても普請役にしても、その内容はきちんと決められていて、無制限にしぼりとられていたわけではない。労働奉仕の場合も、決まった日数を超えて働いてもらう場合は一般的な額の賃金を払うと約束されていた。小田原の北条氏の関係文書には百姓の役負担にかかわるものが数多く、かなりきちんとした支配がなされていたことをみてとることができる。ほかの大名家の状況はよくわからないところが多いが、領国の内部にいる百姓を保護するかわりに、決まった負担はしてもらうという、現代社会にも通じるようなルールが、この時代にはできあがっていったのである。

百姓たちの姿

このように領国内の百姓たちは一定の負担を課されたが、その見返りとして、領国の構成員として認められ、政治的権利もあたえられていた。直接の支配者である領主や、大名の配下にあたる郡代などがよくないことをして被害にあったときには、直接大名に訴え出ることが許されていたのである。

一五七九(天正《てんしょう》七)年のこと、武蔵《むさし》国の鳩ケ谷郷《はとがやごう》で領主と百姓が争い、百姓が連署の血判状《けっぱんじょう》を書いて領主に差しだし、在所《ざいしょ》から退出するぞと迫るという事件があった。このことは大名の北条氏の知るところとなり、虎の印判が捺された裁許状《さいきょじょう》がだされたが、その内容は次のようなものだった。

今度、笠原助八郎《かさはらすけはちろう》の私領の百姓たちが、まとまって血判をして、領主に対して訴訟を企てた、ということだ。領主によくない行いがあれば、公儀《こうぎ》へ訴えるべきところ、そうしないで、いっしょになって(郷から)退出しようとしたというのは、たいへん重い罪だ。だから、頸《くび》を刎《は》ねるべきところであるが、このたびの取持ち人が申し上げた誓詞にも、鈴木勘解由《すずきかげゆ》が最初に名前をだしているから、この者に罪科をかけ、船戸《ふなと》は赦免《しゃめん》することにする。だから、前々のように郷に帰って、きちんと百姓の務めを果たすように。文句をいう者がいたら、こちらに申し上げよ。

領主のやり方に我慢できなかった百姓たちは、団結して血判状を書き、郷からでていくことにしたのである。これは「逃散《ちょうさん》」という方法で、消極的な行動のようにみえるが、百姓がいなくなったら領主もやっていけないわけで、かなり強力なストライキといえる。おそらく困ってしまった領主が大名に訴えて、北条氏の法廷に持ち込まれることになったのだろうが、ここで問題にされたのは、領主に非分があったかどうかではなく、百姓たちの闘争のやり方だった。領主に文句があったら、大名のところに訴えてくれればいいものを、そうしないで実力行使に走ったことが処罰に値すると考えられたのである。

逃散という実力行使によって領主を困らせようという百姓たちの行動は、当時の彼らのエネルギーを示すものといえるだろう。そして大名も百姓の政治的主張を拒絶しているわけではなく、合法的な方法で訴えてくれば受理するという姿勢を明確に示しているのである。そしてこの場合も、直接行動に走った罪を償うために、鈴木勘解由という百姓一人だけを処罰して、二番手の船戸以下は赦免するという決定をしている。この印判状の宛て名は「鳩ヶ谷百姓」の「船戸大学助《だいがくのすけ》」で、赦免された当の本人である。大名の北条氏は、鳩ヶ谷郷のまとめ役である船戸大学助に宛てて「お前をはじめとして、百姓たちは許してやるから、早く郷に帰って耕作に励むように、みんなに指示せよ」と命令をくだしたのである。

この一件は百姓が領主を訴えたものだが、逆に領主のほうが百姓を訴えることもあった。一五八三(天正十一)年十二月、伊豆狩野牧《かのうまき》の百姓の三須孫次郎《みすまごじろう》が、小田原北条氏の法廷に召しだされて尋問を受ける。岩本又太郎《いわもとまたたろう》の被官《ひかん》の内田又《うちだまた》兵衛《べえ》が、三須が年貢未進をしていると訴え、これを受理した北条氏が百姓の三須に出頭を命じたのである。おそらく岩本は狩野牧の地頭で、その被官の内田は年貢徴収係だったのだろう。ところがこの法廷で三須孫次郎は、自分は年貢を完済しているという証文を提出し、結局これが認められて内田の訴えはしりぞけられる。領主側と法廷で対決して勝訴する百姓もいたのである。

このように戦国時代の百姓たちは一定の法的権利をあたえられ、領主とわたりあうまでになっていたが、一つ注目すべきなのは、今までできた「百姓」がみな苗字をもっていることである。「鈴木勘解由」「船戸大学助」「三須孫次郎」というように、彼らはみな苗字があり、「勘解由」「大学助」といった、官途に由来するような名前をもっている。名前だけでは領主と区別がつかないような存在だったのである。

江戸《えど》時代の百姓は苗字をもっていないといわれることもあるが、これは公式の書類に苗字をだすことが許されていないというだけで、私的な文書や墓石などには苗字が書き込まれていることが多い。中世の百姓は「太郎次郎」といった名前が一般的で、苗字はなかなかみえないが、戦国時代になると、特定の苗字をもつ百姓が姿をあらわしてくる。もっとも彼らは郷村の百姓のなかでも有力者で、指導的立場にあった者たちだろうから、より下層の百姓は苗字をもたなかった可能性が高いが、それにしても苗字をもつ百姓がふえたというのは画期的なことである。

私たちはみな苗字をもち、代々続く「家」の一員として位置づけられている場合も多いが、こうした「家」は太古の昔からあったわけではない。墓石や過去《かこ》帳《ちょう》などから自分の家の歴史を調べてみたとしても、江戸時代の前期くらいしかさかのぼれないことが多く、本家筋をたどれば戦国時代の百姓にいきつくこともある。こうした先祖の百姓は、地侍《じざむらい》というような存在で、大名の命令に従って戦場に赴く兵士にもなりうる人びとだった。戦国時代の戦いなどに動員された人びとの名前をみてみると、みな苗字をもっていて、その苗字はそれぞれの地域に今でも広がっている場合が多い。詳しいことはなかなかわからないが、私たちが認識している、代々続く百姓の「家」というようなものがようやく姿をあらわしたのが戦国時代だということもできるだろう。

この時代には百姓の「家」とともに、「家」の集合体である「郷」や「村」も成熟をみせる。「郷」も「村」も中世からあるが、基本的には支配の単位で、百姓たちが強固な共同体をつくっていたわけではなさそうである。年貢減免の闘争などは郷単位で行われることが多いが、百姓が年貢や公事を上納するときに、郷や村でまとめて領主に届けるといったシステムは、この時代には形づくられていない。年貢・公事を上納するのはあくまで個々の百姓で、たとえ未進があったとしても、それを郷や村で補塡してもらえるわけではなかった。このようにもともと郷や村のまとまりと主体性はあやふやなものだったが、十五世紀ごろになると畿内《きない》では「惣」と呼ばれる共同体が成熟して、独自にさまざまな掟《おきて》を定めたり、犯罪者の処罰を行ったりするようになる。そして戦国大名の領国でも「郷」や「村」が政治的主体として位置づけられ、「郷」や「村」宛てに指示がくだされるようになるのである。戦国大名の領国支配は、こうした「郷」「村」の成熟という社会現象を基盤として成り立っていた、ということもできるだろう。

地方自立の時代

ここでもう一度戦国大名に視点をあててみよう。各地に生まれた戦国大名は、みずからの領国の統治を推し進め、支配の質を深めていったが、大名たちがいつもその領国にいて政治を行うということ自体、考えてみれば画期的なことだ

▼畠山政長　一四四二〜九三年。畠山持国《もちくに》の甥。畠山家の家督《かとく》を継いだが、持国の子の義就《よしひろ》と対立。応仁の乱では細川勝元《かつもと》とともに東軍に属する。細川政元の軍勢に攻められ河内正覚寺城《しょうがくじじょう》で自害した。

った。

　室町時代の守護は基本的には京都にいて幕府の政治にかかわっていて、守護をつとめている国にはその家臣が守護代、あるいはその代官として駐留しているというのが一般的だったのである。将軍義教《よしのり》の時代、斯波《しば》・細川《ほそかわ》・畠山《はたけやま》・山《やま》名《な》・一色《いっしき》・赤松《あかまつ》といった大名は京都にいて幕府政治をつかさどっていたが、義《よし》政《まさ》の時代になると家中《かちゅう》の分裂もみられ、やがて大名家が両派に分かれて戦いを始める(応仁《おうにん》の乱《らん》)。そしてこの内乱が終ったあとには、ほとんどの大名は京都を離れ、在京しているのは細川政元《まさもと》と畠山政長《まさなが》▲くらいのものという状況になる。そして最終的には細川だけが京都に残ることになる。

　こうして守護任国《にんごく》にくだった大名が、そのまま発展して戦国大名になる場合もあれば、大名の家臣が「下剋上」に成功して戦国大名になるケースもあり、また毛利氏のように地域の国人《こくじん》出身の戦国大名もいた。このように戦国大名の出自はさまざまだが、彼らに共通しているのは、京都ではなく自分の領国に生涯住み続けたということである。これはあたりまえのように思えるかもしれないが、支配者が中央都市ではなく領国にいるというのは、けっして一般的なことではない。古代の貴族は基本的に奈良や京都を拠点としていたし、中世の武家たちも京都や鎌倉に集まっていた。また江戸時代の大名たちも、江戸と国元《くにもと》を往復しており、江戸での生活のほうが長いケースが多かった。列島の支配者たちが、一度も集まって顔をあわせることもなく、それぞれ別の世界で活動していたのは、考えてみれば戦国時代だけだったのである。

この時代には地方の都市の勃興がめざましかった。ある程度の人口をもち、流通の拠点となるような「都市」というものは、古い時代からたくさんあったわけではない。中世においては京と鎌倉という二つの都市が特別の地位にあり、貴族や武家などの支配層はみなこの二つの都市に集まっていた。彼らは荘園領主でもあったので、荘園からの年貢は京と鎌倉にもたらされ、こうしたこともあって京と鎌倉は流通の中心拠点として繁栄することになる。しかし中世社会を形づくっていた荘園制がくずれ、京と鎌倉が衰退すると、それまではめだたなかった地方の都市がいっせいに台頭してくることになる。

こうした動きがはっきりとらえられるのは関東である。室町期の関東を支配した鎌倉府《かまくらふ》の政庁は鎌倉におかれ、この時代にも鎌倉は政治・経済の中心都市だった。ところが一四五五(康正《こうしょう》元)年に始まる内乱によって、鎌倉公方《くぼう》が鎌倉を離れて下総《しもうさ》の古河《こが》にはいり、対する上杉《うえすぎ》氏の陣営も武蔵の五十子《いかっこ》を拠点とするようになると、鎌倉は急速に衰微し、これにかわるように地方都市が勃興していく。武蔵の江戸・岩付《いわつき》・河越《かわごえ》、下総の古河・関宿《せきやど》といったところが、武将たちの居城として発展をとげ、物資の動きも大きく変化をみせることになる。

畿内でも同じような現象が起きていた。よく知られているように、応仁の乱で京都は大きな被害を受けるが、この巨大都市は鎌倉のように一挙に衰退することはなかった。内乱が終結したあとはそれなりに復興が進み、祇園祭《ぎおんまつり》なども再開されている。しかし一五三六(天文《てんぶん》五)年に起きた法華寺院《ほっけじいん》焼討ち事件(天文法華の乱)によって、京都の市中のかなりの部分が焼きつくされ、これをきっかけとして京都は中心都市としての力を失ってゆく。天皇はつねに京都にいたが、将軍も京都を離れて近江《おうみ》などに拠点をおくことが多く、細川晴元《はるもと》や三好長《みよしなが》慶《よし》といった権力者も、ときたま京都にくるだけで、ここを本拠とはしなかった。細川晴元は摂津《せっつ》の芥川《あくたがわ》を拠点としていたし、三好長慶は初め芥川にいて、のちに河内《かわち》の飯盛《いいもり》を居城としている。織田信長《おだのぶなが》も同様で、いつもは岐阜や安土《あづち》にいて政治を行っていて、京都には屋敷をもたず、京都にいくときには妙覚寺《みょうかくじ》や本能寺《ほんのうじ》のような宿所を利用した。

このように京都は中心都市としての求心力を失うが、やはりこれと呼応するようにして、畿内でも地方都市の勃興がみられた。いちばん顕著なのは堺《さかい》(摂津と和泉《いずみ》の境にある)の繁栄だろう。もともと京から西国への流通の中心拠点は摂津の兵庫だったが、十五世紀後半に堺が兵庫に変わって海上交通の要衝《ようしょう》となり、西国との交易を一手に引き受ける港として繁栄をとげた。堺は流通の拠点として栄えたが、宗教勢力の本拠地として発展して「寺内町《じないちょう》」もこの時期各地で勃興する。たとえば本願寺《ほんがんじ》の場合、京都郊外の山科《やましな》が門前町《もんぜんまち》として栄え、山科が焼討ちにあって本願寺が摂津石山《いしやま》に移ったあとは、この地が発展をとげて、大坂という大都市に成長していった。

京都や鎌倉が経済を仕切る時代は終り、地方都市を中心とした流通と経済活動が可能になるような時代になっていく。それぞれの大名領国のなかにも、城《じょう》下町《かまち》をはじめとしていくつかの都市が成熟していき、領国のなかだけでもそれなりの経済活動を行うことが可能になっていったのである。各地に「国家」といえるようなものが生まれた背景には、こうした社会現象が存在していたとみることができよう。

分立と統一

このように十六世紀、列島各地に独立性の高い大名領国が形成されるが、こうした領国が並立する状況が長く続いたわけではない。大名領国の統合が進められ、列島は政治的に統一されることになる。

戦国大名が登場する十六世紀前半は、それぞれの国内の領主たちのなかから、彼らをまとめあげる大名が生まれてゆく過程ととらえることができる。取りあえずは一国規模の大名による地域統一がなされたわけだが、こうしたことが一段落すると、今度はとなりあった大名どうしが争いを始め、勝者が敗者の領国を吸収して、数カ国におよぶ巨大な領国をつくりあげるようになる。駿河出身の今川氏は西に進んで遠江《とおとうみ》と三河《みかわ》を領国に加え、伊豆から始まった北条氏は東にでて相模・武蔵・下総・上総《かずさ》というように領国を広げた。また越後の長尾氏(上杉氏)は、関東にでて上野《こうずけ》の過半を押さえ、西方の越中《えっちゅう》や能登《のと》も一時領国に加えた。そして甲斐の武田氏は、信濃《しなの》・駿河・上野を含む巨大な大名領国をつくりあげる。同様のことは西国でも起き、中国地方全体を支配する毛利氏と、九州の北部・中部をまとめあげた大友氏が対峙するようになる。

こうした大名に比べてあまりめだたないが、畿内でも広い領域をおさめる権力が生まれていた。阿波《あわ》出身の三好長慶である。長慶は初め細川晴元のもとで活動していたが、一五四九(天文十八)年に自立を果たして、将軍や晴元と戦いながら畿内の統治者となってゆき、そうしたなかで一門や家臣を各地に派遣して、一帯の諸国をみずからの支配下におくことに成功した。一五六〇(永禄《えいろく》三)年のころには三好の領国は大きく広がり、阿波・讃岐《さぬき》・淡路《あわじ》・播磨《はりま》・摂津・丹波《たんば》・河内・大和《やまと》と連なる八カ国におよんだのである。

三好氏を撃退して京都を押さえた織田信長も、基本的には数カ国を支配する戦国大名の一人だったということができる。尾張を出発点として美濃《みの》・伊勢・近江・越前《えちぜん》というふうに信長は領国を広げていった。京都を確保して天皇を擁しているという特徴はあるが、信長も初めから列島全域の統治を志向していたわけではない。一五七五(天正三)年の長篠《ながしの》の戦いも、織田と武田という巨大な戦国大名の決戦とみるべきものであろう。統一権力と一大名の争いといったものではない。

　このようにみていくと、一五八二(天正十)年の武田の滅亡の画期性が浮かび上がる。広大な武田領国が解体して織田の家臣たちが各地にはいりこみ、織田領国は飛躍的広がりをみせたのである。

　武田氏滅亡の数カ月後、信長は京都で討たれる(本能寺の変)が、列島がまとまっていく動きは止まらず、これから一〇年たらずの短期間で、いわゆる「天《てん》下統一《かとういつ》」がなされることになる。まず羽柴秀吉《はしばひでよし》と徳川家康《とくがわいえやす》という西と東の二大勢力が対決し、これがおさまったあと、秀吉が頂点に立って大名家の接収を進めていった。この過程で北条氏のように滅ぼされた大名もいるが、長宗我部《ちょうそかべ》・毛利・徳川・上杉・島津《しまづ》・伊達といった大半の大名家は秀吉と講和して家を残した。こうして多くの大名の上に統一権力が存在するという政治体制が形成されることになる。

　一五九三(文禄《ぶんろく》二)年のこと、秀吉はあらたに築いた伏見《ふしみ》城にはいるが、列島各地に領国をもつ大名たちも伏見に屋敷を構え、ここに集住するようになった。

大名が自分の領国に住み着いて政治を行う時代は一〇〇年ほどで幕を閉じ、前と同じように地方の支配者が中心都市に集まって政治をつかさどることになったのである。

　このように列島をまとめあげる統一権力があっというまに形成されたのはなぜなのか。なかなかむずかしい問題だが、独立性の高い大名が並び立つ時代が永続化しなかったのにはそれなりの理由があるだろう。前記したように大名領国の内部でも経済活動は可能だったが、やはりより広い世界と関わりをもって、さまざまな物資を交易させたいと人びとが考えるのは自然なことである。となりの大名と同盟関係にある場合は人や物資を動かすことも可能だったが、ひとたび大名間で対立が生まれれば、道路が遮断されてしまうこともしばしばだった。地域に生きる人びとにとっても、こうした状態が続くことはあまり望ましいことではなかったと思われる。また各地の大名たちにしても、一定の自立性が確保できさえすれば、統一権力の傘下にはいることもやむをえないし、必死になって拒絶する必要もないと考えていたのではないか。中央の政治に関与できるのはそれなりに名誉なことだし、統一権力を背景として家中をまとめることもできる。そう考える大名もいたのではないかと思えるのである。

このような過程をへて列島規模でのあらたな政治秩序が形成されることになった。幕府という統一政権が全国をまとめあげているという意味では集権的な体制といえるが、各地に配置された藩《はん》(大名家)が一定の自立性をもって地域支配を行っていることに着目すれば、分権的な支配体制だということもできる。中世の荘園制は地域性をもたず、個々の荘園とそこに住む百姓が領主と個別に結びついていたが、戦国時代をへるなかで形成されたあらたな政治体制(幕藩体制)はそれなりの地域性をもつ。江戸時代にも大名や旗本《はたもと》の知行地《ちぎょうち》が分散的に存在するケースはあるが、一定の領域をもつ地域が藩領(あるいは幕領)として設定されている場合のほうが一般的である。そして多くの百姓は一定の空間をもつ藩の支配下におかれ、藩に対して租税を上納したのである。

戦国時代と現代

人間の社会には一定の秩序のようなものが必要で、いつの時代にも人びとは身分差別を含んだ社会構造のなかで生活していた。平安《へいあん》時代の後期のころ形づくられた「中世」と呼ばれる時代には、貴族や大寺院の僧侶、武家といった支配者と、年貢《ねんぐ》や公事《くじ》をおさめる立場にいる百姓がいたし、支配者のなかにも細かな身分的な差別があった。こうした身分差を内包しながら社会の秩序は保たれており、そのなかで生活していた人たちも、こうした差別に気づかないか、気づいても受容しながら世代を重ねていったのである。

いったん形成された支配の形や身分秩序は、人びとの世代を重ねるごとにその定着度を増す傾向があり、人びとはそうした枠組みのなかで、それなりに幸福な人生を送っていたものと思われる。しかしどんなによくできた社会体制も永遠に不滅ではなく、やがて解体の時期を迎えることになる。

十一世紀後半のころに形づくられ始めた「中世」の社会秩序が本格的な解体を始めたのが、十五世紀の半ば、一四五〇年のころだったのではないかと思う。①章でみたように、大名の重臣《だいみょうじゅうしん》が主君《しゅくん》にあたる大名に対抗する「下剋上《げこくじょう》」の事件が起き始めたのが、まさにこのころなのである。そしてそれから一五〇年の長きにわたって「下剋上」は続き、固定化されていた身分秩序は解体されて、あらたな秩序が形づくられることになった。「戦国時代」と呼ばれる時代は、一つの社会秩序が解体して、あらたな秩序がつくられる長い道程だったということができるだろう。

成立期や崩壊期も含めてとらえると、「中世」は十一世紀から十七世紀までまたがる、五〇〇年から六〇〇年におよぶ時代ということができる。そしてその最後の一五〇年から二〇〇年が、「中世」からつぎの時代までの変革（橋渡し）の時代にあたる。こうした時代をへて、再編された主従関係と地域（村）の自立を基礎とするあらたな社会が確立し、この社会体制も一定期間続くことになる。

それでは「中世」に続くつぎの時代の社会秩序はいつまで安定していて、いつ解体したととらえればいいのか。明治維新《めいじいしん》で変化したという見方もあるが、人びとの思考のあり方や地域社会の実態は、明治維新をへても基本的には変わらなかったととらえることも可能であろう。そしてこうした社会体制が本格的に解体に向かったのは、太平洋戦争ののち、高度経済成長の時代の辺りからのような気がしなくもない。

かなり乱暴な議論かもしれないが、「中世」のような一つの社会体制の「寿命」が五〇〇年から六〇〇年という仮説を立てると、一四五〇年ころに生まれた社会が解体するのは一九五〇年から二〇五〇年のころということになる。私たちが生きている現代こそが、「中世」につぐ時代がまさに解体し、あらたな時代が生まれる転換点にあたっているのかもしれないのである。

戦国時代に生きた人たちも、自分が時代の転換点にいることなど気づかずに、夢中で毎日を送っていただろうし、現代の私たちも同じだろう。ただこのごろの人びとや社会の動きをみてみると、戦国時代をへるなかで形づくられた人間関係や地域社会の形が、すでに大きくくずれているように思えなくもない。二十世紀から二十一世紀にかけての時期は、「第二の戦国時代」ともいうべき変革の時代なのかもしれないのである。

●—写真所蔵・提供者一覧(敬称略, 五十音順)

開禅寺・石川県立歴史博物館　　p. 51上
京都府立総合資料館　　p. 75上
見性寺・藍住町教育委員会　　p. 28
国立歴史民俗博物館　　p. 34
財団法人前田育徳会　　p. 51下
佐賀市教育委員会　　p. 65下
慈照寺　　p. 15左下
渋沢敬三編著『豆州内浦漁民史料』(1937 ~ 39)　　p. 75下
聚光院・便利堂　　p. 25下
常栄寺・山口市教育委員会　　p. 43下
丈六寺・徳島市教育委員会　　p. 17
心月寺・福井市歴史博物館　　p. 15上
仙台市　　扉右
醍醐寺　　p. 10左
大寧寺　　p. 37
多久市教育委員会　　p. 65上
長興寺・豊田市郷土資料館　　p. 7下
徳川美術館所蔵ⓒ徳川美術館イメージアーカイブ/DNPartcom　　カバー表
内藤昌・安土町城郭資料館　　カバー裏
米山寺　　p. 47
法観寺・京都国立博物館　　p. 10右
本徳寺　　p. 7上
山口市豊栄神社・山口博物館　　p. 43上
龍安寺　　p. 15右下, 25上

●—参考文献

池上裕子『戦国の群像』〈日本の歴史10〉集英社, 1992年

池上裕子『戦国時代社会構造の研究』校倉書房, 1999年

池享『戦国大名と一揆』〈日本中世の歴史６〉吉川弘文館, 2009年

笠谷和比古『主君「押込」の構造』(平凡社選書) 平凡社, 1988年 (2006年に講談社学術文庫として再刊)

勝俣鎮夫『戦国時代論』岩波書店, 1996年

久留島典子『一揆と戦国大名』〈日本の歴史13〉講談社, 2001年

斎木一馬「『三河物語』考」斎木一馬・岡山泰四・相良亨校注『三河物語　葉隠』〈日本思想大系26〉岩波書店, 1974年

相良亨『武士道』(塙新書) 塙書房, 1968年 (2010年に講談社学術文庫として再刊)

相良亨「葉隠の世界」斎木一馬・岡山泰四・相良亨校注『三河物語　葉隠』〈日本思想大系26〉岩波書店, 1974年

杉山博『戦国大名』〈日本の歴史11〉中央公論社, 1965年

永原慶二『下剋上の時代』〈日本の歴史10〉中央公論社, 1965年

永原慶二『戦国の動乱』〈日本の歴史14〉小学館, 1975年

藤木久志『織田・豊臣政権』〈日本の歴史15〉小学館, 1975年

藤木久志『戦国の作法』(平凡社選書) 平凡社, 1987年 (2008年に講談社学術文庫として再刊)

山田邦明「15世紀の人々, その思考と行動」『日本史研究』546号, 2008年

山田邦明『戦国の活力』〈日本の歴史８〉小学館, 2008年

山田邦明『室町の平和』〈日本中世の歴史５〉吉川弘文館, 2009年

日本史リブレット83

日本史《にほんし》のなかの戦国時代《せんごくじだい》

2013年7月25日　1版1刷　発行
2021年9月5日　1版3刷　発行

著者：山田邦明《やまだくにあき》

発行者：野澤武史

発行所：株式会社 山川出版社

〒101－0047　東京都千代田区内神田1－13－13
電話　03(3293)8131(営業)
　　　03(3293)8135(編集)
https://www.yamakawa.co.jp/
振替　00120-9-43993

印刷所：明和印刷株式会社

製本所：株式会社 ブロケード

装幀：菊地信義

© Kuniaki Yamada 2013
Printed in Japan ISBN 978-4-634-54695-0
・造本には十分注意しておりますが，万一，乱丁・落丁本などがございましたら，小社営業部宛にお送り下さい。
送料小社負担にてお取替えいたします。
・定価はカバーに表示してあります。

日本史リブレット 第Ⅰ期［68巻］・第Ⅱ期［33巻］ 全101巻

1 旧石器時代の社会と文化
2 縄文の豊かさと限界
3 弥生の村
4 古墳とその時代
5 大王と地方豪族
6 藤原京の形成
7 古代都市平城京の世界
8 古代の地方官衙と社会
9 漢字文化の成り立ちと展開
10 平安京の暮らしと行政
11 蝦夷の地と古代国家
12 受領と地方社会
13 出雲国風土記と古代遺跡
14 東アジア世界と古代の日本
15 地下から出土した文字
16 古代・中世の女性と仏教
17 古代寺院の成立と展開
18 都市平泉の遺産
19 中世に国家はあったか
20 中世の家と性
21 武家の古都、鎌倉
22 中世の天皇観
23 環境歴史学とはなにか
24 武士と荘園支配
25 中世のみちと都市
26 戦国時代、村と町のかたち
27 破産者たちの中世
28 境界をまたぐ人びと
29 石造物が語る中世職能集団
30 中世の日記の世界
31 板碑と石塔の祈り
32 中世の神と仏
33 中世社会と現代
34 秀吉の朝鮮侵略
35 町屋と町並み
36 江戸幕府と朝廷
37 キリシタン禁制と民衆の宗教
38 慶安の触書は出されたか
39 近世村人のライフサイクル
40 都市大坂と非人
41 対馬からみた日朝関係
42 琉球の王権とグスク
43 琉球と日本・中国
44 描かれた近世都市
45 武家奉公人と労働社会
46 天文方と陰陽道
47 海の道、川の道
48 近世の三大改革
49 八州廻りと博徒
50 アイヌ民族の軌跡
51 錦絵を読む
52 草山の語る近世
53 21世紀の「江戸」
54 近代歌謡の軌跡
55 日本近代漫画の誕生
56 海を渡った日本人
57 近代日本とアイヌ社会
58 スポーツと政治
59 近代化の旗手、鉄道
60 情報化と国家・企業
61 民衆宗教と国家神道
62 日本社会保険の成立
63 歴史としての環境問題
64 近代日本の海外学術調査
65 戦争と知識人
66 現代日本と沖縄
67 新安保体制下の日米関係
68 戦後補償から考える日本とアジア
69 遺跡からみた古代の駅家
70 古代の日本と加耶
71 飛鳥の宮と寺
72 古代東国の石碑
73 律令制とはなにか
74 正倉院宝物の世界
75 日宋貿易と「硫黄の道」
76 荘園絵図が語る古代・中世
77 対馬と海峡の中世史
78 中世の書物と学問
79 史料としての猫絵
80 寺社と芸能の中世
81 一揆の世界と法
82 戦国時代の天皇
83 日本史のなかの戦国時代
84 兵と農の分離
85 江戸時代のお触れ
86 江戸時代の神社
87 大名屋敷と江戸遺跡
88 近世商人と市場
89 近世鉱山をささえた人びと
90 「資源繁殖の時代」と日本の漁業
91 江戸の浄瑠璃文化
92 江戸時代の老いと看取り
93 近世の淀川治水
94 日本民俗学の開拓者たち
95 軍用地と都市・民衆
96 感染症の近代史
97 陵墓と文化財の近代
98 徳富蘇峰と大日本言論報国会
99 労働力動員と強制連行
100 科学技術政策
101 占領・復興期の日米関係